Robert von Mohl

Geschichtliche Nachweisungen über die Sitten und das Betragen der Tübinger Studirenden

während des 16. Jahrhunderts

Robert von Mohl

Geschichtliche Nachweisungen über die Sitten und das Betragen der Tübinger Studirenden
während des 16. Jahrhunderts

ISBN/EAN: 9783741110719

Hergestellt in Europa, USA, Kanada, Australien, Japan

Cover: Foto ©ninafisch / pixelio.de

Manufactured and distributed by brebook publishing software
(www.brebook.com)

Robert von Mohl

Geschichtliche Nachweisungen über die Sitten und das Betragen der Tübinger Studirenden

Geschichtliche Nachweisungen

über die

Sitten und das Betragen

der

Tübinger Studirenden

während des 16. Jahrhunderts

Von

Robert von Mohl

Dritte Auflage

Mit Illustrationen von Gustav Adolf Closz

Freiburg i. B.
Leipzig und Tübingen
Verlag von J. C. B. Mohr (Paul Siebeck)
1898.

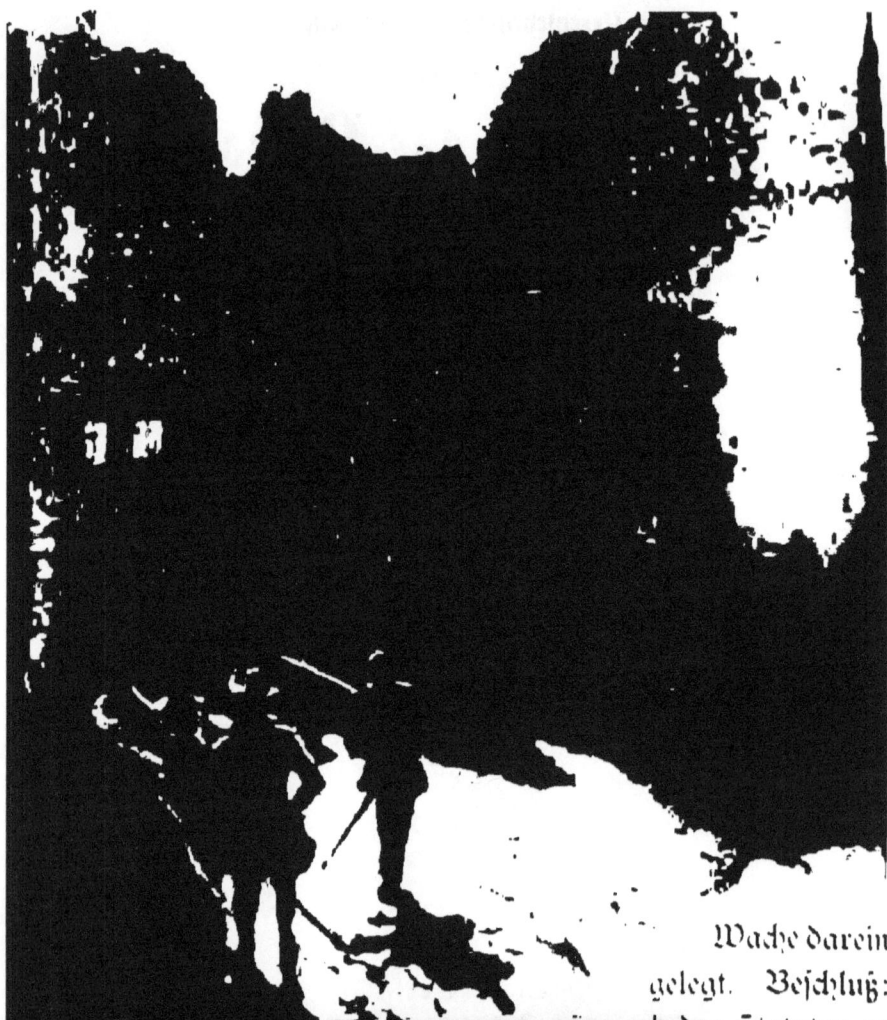

Wache darein
gelegt. Beschluß:
Statuten zu
O.)
Woche wur-
egernau) von
verwundet.

Geschichtliche Nachweisungen uber
die Sitten und das Betragen der ...

Robert von Mohl

Vorwort zur ersten Auflage.

Die nachfolgenden geschichtlichen Nachweisungen sind ursprünglich in der Form eines akademischen Programmes zur Feier des Geburtsfestes Seiner Majestät des Königs von Württemberg erschienen. Da längst alle Exemplare dieses Programmes vergriffen waren, immer aber noch Nachfrage nach solchen war, so haben wir uns von dem Herrn Verfasser die Erlaubnis eines neuen unveränderten Abdruckes erbeten. Wir ändern nur das Format in ein bequemeres ab, und lassen den lediglich auf den nächsten Zweck jener Gelegenheitsschrift sich beziehenden Schluß weg.

Tübingen, im Jahre 1840.

Die Verlagsbuchhandlung.

Erklärung der Abbildungen.

—

Wenn die äußere Ge-
schichte unserer Hoch-
schule in den bekannten Werken von
Zeller, Böck und Eisenbach¹)
auf eine befriedigende Weise erzählt ist;
wenn ferner über die von Tübingen aus-
gegangenen wissenschaftlichen Leist-
ungen die Einzeln-Abhandlungen von
Schnurrer²) und die betreffenden Ab-
schnitte in Eisenbach's eben erwähnter
Schrift sehr schätzbare Beiträge geben: so
hat sich bis itzt die Geschichte der übrigen
Seiten des innern Lebens der Universität
noch weniger Beachtung zu erfreuen gehabt. Wir sind über die
Zustände und Aenderungen des politischen, häuslichen und geselligen

1) Zeller, ausführliche Merkwürdigkeiten der hf. Universität und Stadt
Tübingen. Tüb. (1743); Böck. Geschichte der hz. württ. Eberhard-Carls-
Universität zu Tübingen. Tüb. 1774; Eisenbach, Geschichte und Beschrei-
bung der Stadt und Universität Tübingen. Tüb. 1822.

2) Schnurrer, Biographieen und literarische Nachrichten von ehemaligen

Seins und Treibens der Lehrer und Studirenden wenig unter-
richtet. Mit Ausnahme der von Conz bearbeiteten Erzählung
der Streitigkeiten und Trübsale Nicod. Frischlin's³), ferner der
in Nicolai's Reisen enthaltenen, keineswegs immer von Miß-
verständnissen und Leidenschaften freien, Nachrichten⁴) über den
Zustand zu Ende des 18ten Jahrhunderts, haben wir über keinen
Zeitabschnitt der seit mehr als vierthalbhundert Jahre blühenden
Hochschule ausführlichere Angaben. Unstreitig ist aber diese Lücke
unseres Wissens zu beklagen, denn es wäre nicht nur für die genauere
Kenntniß unserer Anstalt, sondern für die Geschichte der Bildung des
ganzen Vaterlandes von manchfachem Interesse, den Zustand der
Sitten auf der Universität während der ganzen Zeit ihres Bestandes
genauer zu kennen. Liegt es gleich in der Natur der Dinge, daß zu
allen Zeiten gewisse Erscheinungen auf Hochschulen sich gleich bleiben,
und immer aufs Neue wiederkehren; werden namentlich, was die
Lehrer betrifft, die Folgen des Lebens in einer kleinen Stadt und
ohne unmittelbaren Obern, der Zurückgezogenheit in das Arbeits-
zimmer, nicht selten der wissenschaftlichen Verschiedenheit oder Eifer-
sucht sich immer wieder zeigen; kann es ferner nicht fehlen, daß die
Anwesenheit mehrerer Hunderte von jungen Männern in dieser
kleinen Stadt, welche — was beide Theile wissen — ihre haupt-
sächlichste Nahrung ihnen zu danken hat, das jährlich sich zweimal
wiederholende Uebertreten bisher mehr Gebundener in ein freieres
Leben, die Anwesenheit mancher in keiner Beziehung zum ernsten
Studium der Wissenschaft Geneigter und Vorbereiteter, endlich das
physische und sittliche Gefühl jugendlicher Kraft, auch in der Lebens-
weise und in den Handlungen der Studirenden zu allen Zeiten
ähnliche Wirkungen erzeugen und immer erzeugen werden: so ist
doch eben so gewiß, daß jedes Zeitalter seine eigenthümliche Richtung
und besondere aus derselben hervorgehende Tugenden und Laster
hat, daß selbst die unter sich so sehr verschiedenen Modalitäten, in

Lehrern der hebräischen Sprache in Tübingen. Ulm 1792; Derselbe, Er-
läuterungen der w. Kirchenreformations- und Gelehrten-Geschichte. Tüb. 1798.
    3) Conz, N. Frischlin, der unglückliche wirt. Gelehrte und Dichter (in
Hauslentner's schwäb. Archiv. Bd. II, St. 1, S. 1—68).
    4) Nicolai, Beschreibung einer Reise durch einen Theil von Schwaben,
im J. 1781. Dritter Bd., welcher den Aufenthalt in Tübingen enthält. Berl.
und Stettin 1796.

welchen die im Wesentlichen gleichartigen Ereignisse in die Erscheinung eintreten, ein lebhaftes Licht auf den Geist und die Bildung der verschiedenen Zeiten werfen.

Diese Lücke ganz befriedigend auszufüllen, ist wohl unmöglich, weil hierzu die nöthigen Materialien fehlen. Allerdings liegen in dem Archive der Universität viele Urkunden aus verschiedenen Zeiten, welche das Leben und die Sitten auf der Hochschule betreffen. Allein theils bleibt doch manche kennenswürdige Seite ganz unbeleuchtet von ihnen, wie denn namentlich gerade die lobenswertheren Eigenschaften, die stillen Tugenden des Fleißes und des wissenschaftlichen Strebens, zu keiner Aufzeichnung Anlaß geben, während Fehler und Excesse amtliche Handlungen und deren Verewigung hervorrufen; theils reichen überhaupt zu einer alle Forderungen erfüllenden pragmatischen Geschichte bloße Verordnungen, Protokolle und sonstige Actenstücke schwerlich aus, da sie wohl die Thatsachen feststellen können, die geheimeren Triebfedern aber, die erklärenden Persönlichkeiten, und somit den eigentlichen innern Zusammenhang und den Geist der Ereignisse, in der Regel nicht einmal andeuten; theils bilden — Dank der Nachlässigkeit in der Abfassung und in der frühern Aufbewahrung — die uns überlieferten Actenstücke nicht einmal eine ununterbrochene Reihenfolge von hinreichend verständlichen Nachrichten, so daß selbst der bescheidene Wunsch nach einer bloßen Chronik durch sie nicht befriedigt werden kann.

Wenn dessen ungeachtet in den folgenden Blättern ein Theil der in den öffentlichen Sammlungen aufbewahrten Nachrichten über die Sittengeschichte der hiesigen Hochschule mitgetheilt wird, so geschieht es in der Hoffnung, daß, wo bisher Alles fehlte, auch minder Vollständiges und Befriedigendes nicht ungünstig werde aufgenommen werden, und daß da, wo eine vollständige Darlegung der Ereignisse nicht möglich ist, auch blos fragmentarische und einseitige Beiträge einigen Werth behaupten. Einen Beitrag zur Kenntniß des innern Lebens von Tübingen werden aber, so schmeicheln wir uns wenigstens, die im Folgenden mitzutheilenden Nachrichten immerhin geben, trotz der bedeutenden Lücken nach Zeit und Umfang, welche sie entstellen. Besäßen wir auch nur solche Bruchstücke aus der Geschichte der übrigen deutschen Universitäten, so wäre man wohl der Möglichkeit einer befriedigenderen Geschichte ihrer Schicksale und Wirkungen um einen Schritt näher gerückt.

1 *

Die
Beschränkung
des bei gegen-
wärtiger Gelegenheit
in Anspruch zu nehmen-
den Raumes machte natür-
lich eine Auswahl unter der
bedeutenden Masse des Stoffes
nöthig. Es schien nun aber zweck-
mäßiger, Einen Haupt-Gegenstand aus-
schließlich zu behandeln, als sich in einer Auswahl, welche das ohnedem nur Unzureichende

noch weiter verstümmelt hätte, über das Gesammtgebiet des innern Lebens der Universität zu verbreiten. Letztere Weise hätte vielleicht eine unterhaltendere Sammlung von auffallenden Zügen geliefert, allein schwerlich ein richtigeres Bild vergangener Zeiten. Eben so war es ohne Zweifel unterrichtender, Alles, was über diesen einmal gewählten Gegenstand aufzufinden war, voll= ständig wieder zu geben, und lieber nur einen beschränkten Zeitraum zu umfassen, als einzelne allenfalls besonders hervortretende, und eben deßhalb den Geist des gewöhnlichen Lebens minder bezeich= nende, Thatsachen aus allen Zeitperioden aneinander zu reihen. Es mag einer andern Gelegenheit vorbehalten bleiben, die itzt zurück= gelassenen Zeitabschnitte zu beleuchten. — Als ein solcher ausschließ= lich zu wählender Gegenstand bot sich aber dar: das Betragen und die Sitten der Tübinger Studirenden während der Dauer des 16ten Jahrhunderts.

Hoffentlich rechtfertigt theils der größere Reichthum des Uni= versitäts-Archives [5]) über diesen Gegenstand, theils das mannfache Interesse der Sache selbst diese Wahl. Gerne wäre der Anfangs= punkt der Mittheilungen bis zur Gründung der Universität hinauf= gerückt worden, fehlten nicht auch über diesen Punkt, wie beinahe über alle Gegenstände, die Urkunden aus den ersten 40—50 Jahren der Hochschule.

Ueber die für das folgende gewählte Behandlungsart sei nur die eine Bemerkung erlaubt, daß es nach manchen verschiedenartigen Versuchen immer wieder das Gerathenste schien, die in den Acten berührten Fälle ohne allen Unterschied auf materielle Wichtigkeit in getreuem Actenzuge und in rein chronologischer Ordnung anzuführen, und so die Thatsachen selbst sprechen zu lassen, ohne eine künstliche Verknüpfung zu suchen, wo in der Wirklichkeit vielleicht keine war,

---

5) Uebrigens wurde auch der Schriftenvorrath der Stadt Tübingen so wie des Oberamtes zum Behufe der Beibringung weiterer Materialien durch= sucht, ohne daß aber bei dem gänzlichen Mangel älterer hierher gehöriger Ur= kunden irgend eine Ausbeute gewonnen worden wäre. — Es sei hier noch bemerkt, daß bei jedem einzelnen Actenauszuge die Quelle, welcher er ent= nommen ist, einzeln angegeben ist, und zwar bezeichnet mit: (S. P.), wenn die Senats-Protocolle die Nachricht lieferten; mit: (P. St.), wenn sie aus dem Privilegien= und Statuten-Buche der Universität herrührt; die mit gar keinem Beisatze versehenen Notizen sind die Ausbeute der als „Disciplinar= sachen" bezeichneten Acten-Fascikel in der Universitäts-Registratur.

und ohne auf Zeitabschnitte und Uebersichten zu sinnen, zu deren
Begründung und festen Characterisirung der vorhandene Stoff häufig
nicht hingereicht hätte. Auf diese Weise blieb den Ereignissen jeder
Zeit ihre ungetrübte Färbung, und keines erhielt durch einen allen-
fallsigen Mißgriff in der Auffassung oder Darstellung eine andere
Stellung oder Geltung, als ihm gebührte. Auch die an und für sich
ganz unbedeutend scheinenden Vorfälle wurden dabei wenigstens mit
einem Worte erwähnt, weil sie doch immer dazu beitragen, die Art
von Handlungen, zu welchen ein bestimmter Zeitabschnitt am meisten
geneigt war, kenntlich zu machen.

Folgendes ist denn nun aber der wesent-
liche Inhalt der auf uns gekommenen Actenstücke:

1) Auszug aus der constitutio et ordi-
natio scholasticae universitatis studiorum
Tubingae cum expositione statutorum, d. d.
feria sexta post cathedra Petri, 1518. Die
Dekane aller Facultäten sollen halbjährlich
nach dem Dekanatswechsel den Fleiß und
die Sitten sämmtlicher Studirenden ihrer
Facultät durchgehen, und die Lässigen ermahnen, ganz verdorbene dem
Senate zur Entfernung anzeigen. — Alle welche die philosophisch-aka-
demischen Grade annehmen wollen, müssen in der Bursch (dem Concu-
bernium) wohnen und speisen. — Alle Studirenden sollen die sämmtlichen
Predigten und Litaneien besuchen; wer vom Pedelle unter der Predigt
in der Stadt oder auf dem Felde angetroffen wird, ist vom Rector
beliebig zu strafen. — Eben so, wer flucht und schwört. — Jeder
Student soll, bei Strafe, seinen Privatlehrer (magister oder prae-
ceptor genannt) haben. — Verbalinjurien unter Studenten sollen
mit 15 Kreuzer gestraft werden; wer den Degen gegen den andern
zückt, um 22 kr.; ein Gefecht ohne Wunden, mit 1 fl.; mit leichter
Wunde, 2 fl. Schwere Wunden werden arbiträr gestraft. Ueberdieß
muß jeder, welcher den Degen gezogen hat, denselben abgeben, oder
ihn mit 1 fl. lösen. Degen von ungewöhnlicher Länge oder andere
ungebräuchliche Waffen sollen nicht geführt, auch der Degen nicht
nach Soldatenart nach hinten gestürzt werden, sondern gerade vom
Gürtel abhängend. — Beleidigung der Wächter ist mit 15 Tagen

7

Carcer zu strafen. — Nachtlärm ist bei Carcerstrafe verboten, namentlich wird Musik machen auch darunter verstanden; wer nach der Abendglocke ohne Licht ausgeht, kommt 14 Tage in Carcer; wer Gewaltthätigkeiten begeht, wird infam relegirt; die „häufige Sitte in ganzen Schaaren Nachts spaziren zu gehen" wird untersagt. — Unzucht soll zuerst mit öffentlicher Rüge, im Wiederholungsfalle mit Ausschluß von der Universität gestraft werden; leichtfertige Reden hat der Rector arbiträr zu strafen. — Ein Wirthshaus soll kein Student besuchen, als um Jemand zu suchen, mit seinem Präceptor oder mit Verwandten; bei 15 kr. Strafe soll er zu keiner Hochzeit gehen. Trinkgelage sind bei 20 kr. Strafe, in schweren Fällen bei Carcer verboten. — Würfelspiel ist zuerst mit einem Verweise, dann mit 1 fl. Strafe, drittens mit Relegation zu bestrafen. — Verboten sind alle aufgeschnittenen, geschlitzten und gestickten Kleider; kurze Röcke und Mäntel, Filz- und Reisehüte, ferner pillei illi oblongi, quibus Turcica barbaries delectatur, endlich Pluderhosen und solche Beinkleider, welche mit gesuchter Neuerung geschlitzt und überdieß den Henkersknechten nachgeahmt seien. — Schmähschriften sind verboten, überhaupt darf, bei willkührlicher Strafe des Rectors, Nichts ohne seine und der vier Dekane vorgängige Censur in irgend einer Sprache oder über irgend einen Gegenstand gedruckt werden. (P. St.)

2) Rescript des königlichen Stadthaltereirathes in Stuttgart, d. d. 14. Febr. 1523, in welchem dem Rector und Regenten der Universität scharf verwiesen wird, daß „etlich von adel und ander, . . . sich tags und nachts ganz ungepürlich und mit überflüßigem Trinken und Schreien in den Häusern und uff den Gassen hallten, und daß bisher wenig einsehen oder straff daruff gevolgt sei". Es wird schärfere Zucht ernstlich empfohlen, widrigen Falles Ober- und Untervogt von Tübingen den Befehl hätten, selbst darein zu sehen.

3) Auszug aus der ferdinandischen Ordination vom 5. Oct. 1523, und aus einer zum öffentlichen Vorlesen benützten deutschen Uebersetzung derselben (welche manche Zusätze enthält). Dem Rector

8

wird aufgetragen darauf zu sehen, daß die Studenten nicht, ut hactenus, nimium lascivius et dissolutius videantur. Namentlich sollen sie in Gang und Anzug nicht den Landesknechten ähneln; keine nach Art von Reit- oder Reisekleidern gemachten kurzen Röcklin, Wappenröck oder Kappen tragen, sondern Kleider, welche der studirenden Erbarkeit bequem, und die die Waden erlangen. Namentlich aber sollen alle Magister, Solche welche Armenstipendien genießen, alle Theologen und Philosophen immer mit angethonen Aermeln auf der Gasse gehen, nur die Schuler der Rechte, besonders die edel, und die Schuler der Arznei mögen ihre Aermel anthun oder nicht. Alle sollen keine zerschnittenen und getheilten Hosen tragen, nur am Knie darf, geschickteren Ganges halber, Eine Oeffnung sein. Dieses alles bei Strafe von 7 Schilling. Eben so sollen die Studenten keinerlei Hüte, sondern Pyrether (Barete) tragen, wie ehrlichen und Liebhabern der Tugend geziemen, nicht aber solche, welche zerschnitten, getheilt oder mit Federn geschmückt sind. Jedoch sind hievon ausgenommen Freiherrn, Graven und Fürsten, welche sich ihrer Würden nach der Hauptgezier, der Bekleidung aber Herkommens gebrauchen mögen. Degen zu tragen ist erlaubt, allein sie müssen von mäßiger Länge und nicht nach hinten gestürzt sein. — Wer einen Monat nach seiner Ankunft keine Vorlesungen besucht, ist dadurch ausgeschlossen. — Uneheliche Kinder oder ex damnato et incestuoso coitu geniti dürfen unter den Studenten nicht geduldet werden. (P. St.)

4) Lateinisches Untersuchungs-Protocoll vom 7. Dec. 1532 gegen V. Lung und Consorten, weil sie ungeladen zu einer Weingärtners-Hochzeit giengen, woraus großer Lärmen und ein Gefecht auf dem Spitalkirchhofe entstand. Unter dem 15. Dec. werden sie gestraft »uti jus.«

5) Dem Senate wird am 9. Dec. 1532 angezeigt, daß Vitus Lung von Planek eine Dirne unterhalte, Bürger und Fremde beunruhige, keine Vorlesungen besuche, und auf eine neulich ergangene Ladung sich nicht gestellt habe. Beschluß bei Relegationsstrafe ihm dieses Alles vor gesessenem Senate zu untersagen, auch ihm wegen seines Geschreies auf der Straße Carcer anzukündigen. — Der Beschluß wird am 31. Dec. vollzogen, allein Lung entweicht am andern Morgen aus dem Carcer nach Rottenburg. (S. P.)

6) Senatsbeschluß vom 1. Jänner 1533, welcher bei Strafe der

Relegation nächtliches Umherlaufen und Schreien verbietet. Niemand soll, wenn Abends „das Narrenglöcklein" geläutet ist, sich ohne

Laterne auf der Straße sehen lassen. (S. P.)

7) Senats-Protocoll vom 17. Jänner 1553. Es wird ein Bittschreiben von V. Lung verlesen, in welchem er sich erbietet seine Strafe zu erstehen, wenn er wieder angenommen werde. Stud. Caspar

Spät, Junker, hält eine Empfehlungsrede an den Senat, der auch beschließt, Lung die im Carcer zugebrachte Nacht als Strafe anzurechnen, und ihm, wenn er Verbesserung verspreche, in honorem nobilium zu verzeihen. (S. P.)

8) Ausführliches Untersuchungs-Protocoll vom 14. Febr. 1555 gegen V. Lung, Schenk v. Winterstetten und Co. Nachdem sie den Tag über in einem Wirthshause getrunken, und da schon den Wirth hatten erstechen wollen, giengen sie Nachts an den Marktbrunnen, und zechten und lärmten bis 2 Uhr in der Nacht. Als sie hörten, daß in des „Würzkramers" Haus Tanz sei, verlangten sie eingelassen zu werden, und drohten auf erhaltene abschlägige Antwort das Haus zu stürmen. Auf den Hülferuf der Würzkramerin eilten aber die Nachbarn mit Spießen und Hellbarden herbei, und verjagten die „edelleut". Die sämmtlichen Zeugen beklagen sich über allnächtlichen gräßlichen Lärmen, Verjagen der Wächter u. s. w., besonders auf dem Markte, „wo die edelleut zunachts auf dem Bronnen sitzen".

9) Senatsbeschluß vom 19. Febr. 1554 gegen das Umhergehen in Masken und Verkleidungen; es wird Carcer, und nach Befund noch schwerere Strafe gedroht. (S. P.)

10) Senatsbeschluß vom Matthiasfeiertage 1554, durch welchen es verboten wird, die den Abt von Bebenhausen einladenden Doctoranden maskirt, verkleidet oder zu Pferde in der Stadt oder gegen Bebenhausen zu begleiten. (S. P.)

11) Senatsbeschluß vom 10. Jänner 1544, gewisse Studenten zu ermahnen, die öffentlichen Vorlesungen zu besuchen, wenn sie die Privilegien der Universität beibehalten wollen. (S. P.)

12) Senatsbeschluß vom 14. Febr. 1544, die Studenten zur Bescheidenheit bei Hochzeiten zu ermahnen. (S. P.)

13) Rescript von Herzog Ulrich, d. d. Stuttgart 14. April 1547, in welchem dem Senate verwiesen wird, daß den Statuten „so gar wenig gelept und nachkhommen werde, sondern sich ietzo eine Zeitlang her bei nacht vill ungepürlichs, leichtvertigs üppigs und schandlichs onwesen zugetragen." Ferner befiehlt der Herzog, daß die Gesetze hinsichtlich der Kleidung der Studirenden besser gehalten werden, weil es „offenbar und landeskundig sei, daß man an Cleidungen und Weer nit wissen möge, welcher ein Student, Landesknecht oder Handwerksgesell sei".

(4) Rescript von Herzog Ulrich, d. d. Stuttgart 17. Nov. 1547, in welchem wieder über Nachtlärmen, und darüber geklagt wird, daß die Studenten „wider Unser gegeben Bevelch und Mandat uff dem Werd Feur-Büchsen tragen unnd der Armen Leute Gens unnd Enten schie- ßen".

(5) Se- nats- beschluß v. 27. Juni 1549, zweien Studen- ten an- zuzei- gen, daß sie die Colle- gien be- suchen müßten, widrigen- falls sie nicht als Universitäts-An- gehörige betrachtet wer- den werden. (S. P.)

(6) Protocoll vom 5. Dec. 1549 über die Anzeige von M. Volland, J. Roschbeck, J. Widmann und G. Bloch, daß der eine von ihnen von dem Untervogte mit dem Schweinspies ins Gesicht gestoßen, der andere mit dem Blechhandschuh auf den Kopf geschlagen wor- den sei, als sie nebst Andern mit einem brennenden Lichte und die Laute schlagend umhergezogen seien.

(7) Senatsbeschluß vom 7. Dec. 1549 auf die Bitte des Untervogts, ihm Nachts den Pedell beizuordnen, nicht einzugehen, sondern ihm nur zu gestatten in Nothfällen denselben vom Rector zu requiriren; zugleich wird beschlossen ihm zu sagen, daß er die Studenten nicht schlagen dürfe, und auch den Stadtknechten den Zaum nicht zu lange lassen soll. Dem M. Volland und C. wird die Strafe für dießmal erlassen. (S. P.)

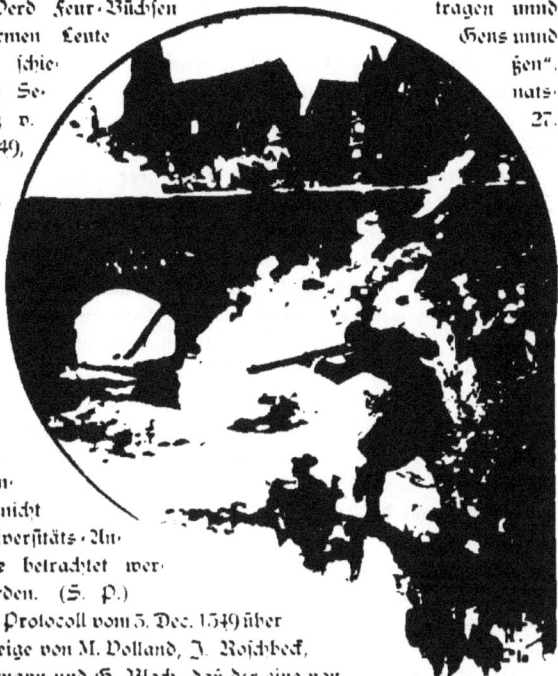

18) Stbuttenrein (?) wird an demselben Tage vor den Senat
gefordert, und ihm angezeigt, daß er nur dann inscribirt werde,
wenn er andere Kleidung tragen und Vorlesungen besuchen wolle.
Er weigert sich des erstern „und ist also onangenommen hingezogen".
(S. P.)

19) Rescript vom Herzog, d. d. Stuttgart, 5. März 1550, die
Nachricht enthaltend, daß etliche Räthe nach Tübingen kommen werden, um mit dem Senate wegen der Kleiderordnung u. s. w. gemeinschaftlich zu berathen.

20) Protocoll vom 1. August 1550 über einen abermaligen
Streit mit dem Vogte, als mehrere Studenten auf Kübeln trom-
melnd auf die krumme Brücke zogen.

21) In der Senatssitzung am 2. August 1550 werden die eben-
genannten Studenten um 1 Thlr. gestraft; einem wird noch besonders angezeigt, wenn er wieder einmal viel oder wenig delinquiren
werde, wolle alsdann die Universität dermaßen mit ihm handeln,
daß sie hiefür seinthalb onberuhet sein werde. (S. P.)

22) Befehl Herzog Christophs vom 10. Dec. 1551, wodurch verordnet wird, daß Niemand nach der Abendglocke, d. h. Winters um
8 und Sommers um 10 Uhr, sich ohne Licht auf der Straße be-
treten lassen soll, bei Vermeidung augenblicklicher Verhaftung; noch
weniger soll auf der Straße geschrieen, getobt oder Saitenspiel ge-
rührt werden. (St. P.)

23) Unter dem 23. Dec. 1553 ist im Senats-Protocolle ganz un-
bestimmt von pugnis studios. cum oppidanis die Rede, wegen deren
einigen der erstern die Degen genommen und sie verhaftet worden
seien. (S. P.)

24) Bitte des Stud. Moser, vom 5. April 1554: er sei von den
Bürgern bei den letzten Händeln schwer verwundet worden, der
Senat möchte ihm einen Beistand geben bei seiner Klage vor dem
Stadtgerichte. Dr. Kilian Vogler wird ihm verwilligt. Unter dem
23. April wird zu größerem Ansehen vor Gericht auch noch M. Chr.
Stahl beigegeben. (S. P.)

25) Senatsbeschluß vom 23. Mai 1554, daß der Rector die Edelleut, so neuerlich hergekommen wegen ihrer Bruttalhosen und Bloß-
gesäß (?) vor sich fordern, und ihnen anzeigen soll, daß sie solch
unflätig und kriegerisch Kleid abzulegen haben, widrigenfalls sie
nicht angenommen werden werden. (S. P.)

26) Bericht an Herzog Christoph vom 15. Sept. 1554, in welchem sich Rector und Senat (wie es scheint, gegen eine Anklage der
Stadt Tübingen) vertheidigen, und behaupten, ihrer Seits die Statuten, namentlich in Beziehung auf Schießen und Büchsentragen, zu
handhaben, wogegen die Bürgerschaft sich unruhig betrage, und auch
die Universitäts-Angehörigen hochmüthige, verletze und schmähe.
Hinsichtlich der „gar kurz und verhackten Kleidung" gestehen sie dem
Unfug nicht steuern zu können.

27) Senatsbeschluß vom 15. Oct. 1554, nach welchem zwei Edelleut, „die Pauren genannt", wegen Händel mit der Wache am Lustnauer Thore dem Pedellen die Wehren abgeben und ins Carcer
gehen sollen. (S. P.)

28) Untersuchungs-Protocolle vom 7., 10. und 30. Nov. 1554.
Einige Studenten waren auf der Straße unter sich zu Unfriede gekommen und hatten auf einander geschlagen, waren jedoch schon
wieder ruhig als die Wächter dazu kamen. Diese fiengen aber sogleich an mit ihren Spießen darein zu schlagen und erklärten auf
die ihnen gemachten Vorstellungen, der Untervogt habe ihnen befohlen, alle welche Unfuhr hätten, wie die Säue über den Haufen
zu stechen. — Am 30. beschloß der Senat, die Studenten 3 Tage zu
incarceriren, aber auch den Untervogt vorzufordern, und ihm seinen
Befehl zu verweisen. (S. P.)

29) Senatsbeschluß vom 30. Nov. 1554, einer Anzahl Studenten
zu erklären, daß sie wenigstens Eine Lection täglich hören müßten,
widrigenfalls die Universität ihnen die Privilegien aufkünden würde.
Der Pedell erhält Befehl, täglich in die Collegien zu gehen und sich
die Unfleißigen zu merken. (S. P.)

30) Ende Jänners 1555 waren am Kornhause und auf dem
Markte große Schlaghändel zwischen etlichen Edelleuten und andern
Studenten einer- und den Bauern andererseits. Die beschlossene
Untersuchung konnte aber nicht mehr angestellt werden, da die Uni-
versität anfangs Februar der Pest wegen geschlossen wurde. (S. P.)

31) Senatsbeschluß vom 12. Nov. 1556, nach welchem einige
Studenten, welche Gänse weggenommen hatten, jede derselben mit
7 Batzen bezahlen müssen, überdieß 24 Stunden bei Wasser und
Brod ins Carcer kommen. (S. P.)

32) Senatsbeschluß vom 13. Nov. 1556, von Thalheimer, der
im Carcer gewesen, aber auf Fürbitte seiner Frau wieder freigelassen

war, keine schriftliche Urfede, sondern nur mündliches Versprechen, sich seiner Strafe wegen nicht rächen zu wollen, zu verlangen. Dieß Versprechen legt er in derselben Sitzung vor dem Senate ab. (S. P.)

33)
Rescript von
Herzog Christoph, d. d.
Stuttgart, 15. Dezember 1556,
welches die Bekanntmachung eines (nicht mehr vorhandenen) Mandates wegen „der Studenten Disciplin mit der Kleidung und dem Wör Tragen" befiehlt.

34) Senatsbeschluß vom 11. Jänner 1557, nach welchem ein Student 2 Tage ins Carcer gelegt wird, weil er Streit mit einem

Bürger bekam, und Nachts vor dessen Haus tumultuirte. Auch wird ihm das lange Schwert, so er machen lassen, verboten. (S. P.)

35) Auszug aus der Ordination der Universität von Herzog Christoph vom 15. Mai 1557. Die Kleidung der Studirenden betreffend, werden die alten Ordnungen (s. oben Nr. 3) gegen kurze Röcke und Mäntel, zerschnittene Hosen, Filzhüte, unziemlich lange Rappiere, Reutschwerter und Pratspieße wiederholt; die Studenten sollen ehrbare Studentenpieretter ohne Federn, Schnüre, abhängende Bänder und dergleich kriegerisch Gebendl tragen. Im Uebertretungsfall ist die verbotene Kleidung und Wehr, oder so viel sie an Geld werth sind, verfallen. — Die Verordnung wegen des Gassenlaufens (s. oben Nr. 22) soll strenge gehalten werden. — Ein Privat-Präceptor soll höchstens 6 fl. (wahrscheinlich halbjährig) von einem jeden seiner Schüler nehmen. (P. St.)

36) Senatsbeschluß vom 4. Juli 1557, nach welchem Jörg von Hanau auf 8 Tage und M. Kalt auf 10 Tage bei Wasser und Brod ins Carcer kommt, weil „sie wöllen einander die Finger abschneiten und darumb spielen". Sollen überdieß eine Urfede unterschreiben. (S. P.)

37) Senats-Protocoll von demselben Tage. Vier Studenten werden citirt wegen ihrer Pluderhosen. Anfänglich wird decretirt, daß die Hosen, oder so viel sie an Geld werth, verwürkt seien, allein als sie erschienen, „haben sie sich dermaaßen erzeigt und ußgeredt, daß das Decretum wieder mutirt worden". Uebrigens erhält der Pedell den Auftrag auf ähnliche Delinquenten zu achten. (S. P.)

38) Senatsbeschluß vom 8. August, das herzogliche Edict wegen der Kleidung aufs Neue am schwarzen Brette anzuschlagen. (S. P.)

39) Schreiben des Magistrats von Wien vom 17. August 1557, durch welches Rector und Senat gebeten wird, zwei in Tübingen studirenden Bürgerssöhnen von Wien, J. Strobl und A. Khembter, einen andern Hofmeister zu ordnen, da der ihnen mitgegebene sich ungebührlich halten solle, wodurch „die Knaben in ihrem Studiren verhindert und ein bös Exempel sehen möchten".

40) Nachdem der Senat über die Aufführung des M. Vesenbeck Erkundigung eingezogen, und gehört hatte, daß er beinahe alle Nacht auf den Gassen umherlaufe, auch 250 fl Schulden gemacht habe, beschließt er am 11. Sept. 1567 ihn verhaften zu lassen, und Rechnungsablegung von ihm zu verlangen; am 20. wird den beiden jungen Wienern ein anderer Privatlehrer angeordnet. (S. P.)

41) Senatsbeschluß vom 18. Nov. 1557, nach welchem Dr. Aehne

einem Diener in der Burich, welchem er ein Loch in den Kopf schlug, die Kurkosten zu zahlen hat. (S. D.)

42) Senatsbeschluß vom 25. Nov. 1557, nach welchem eine An-

zahl von Studenten einige Tage ins Carcer gelegt werden, wegen
großen Nachtlärmens. (S. P.)

43) Die facultas bon. art. klagt einen Studenten wegen seines
Unfleißes, seiner Schulden, seines unbefugten Herumziehens an; der
Senat beschließt am 25. Jänner 1558, derselbe soll vom Rector ge-
warnt werden. (S. P.)

44) Senatsbeschluß, einen Studenten, welcher großen Nachtlärmen
mache, sich häufig betrinke und keine Vorlesungen besuche, zwar, in
Betracht seiner braven Frau und Kinder, nicht härter zu bestrafen,
doch aber ihm vor dem Senate eine ernste Ermahnung zur Besserung
zu ertheilen. (S. P.)

45) Senatsbeschluß vom 25. Mai 1558, gegen zwei Studenten,
Böck und Steck, zu inquiriren, welche beschuldigt sind zwei Kieffer-
knechte verwundet zu haben. (S. P.)

46) Senatsbeschluß vom 29. Juni 1558, einen Stipendiaten,
welcher während der Senatssitzung auf dem Wörthe schoß, einen
Tag ins Carcer zu legen. (S. P.)

47) Urfede, ausgestellt unter dem 11. Juli 1558, von Joh. Küpfer-
lein dem jüngern, Universitäts-Verwandten, wegen seiner vierwöch-
igen Carcerstrafe keine Rache nehmen zu wollen. Die Strafe war
ihm (nach dem Senats-Protocolle von demselben Tage) zuerkannt
worden, weil er sein Weib übel geschlagen und überhaupt ein
schlechtes Leben geführt hatte, auch keine Vorlesungen besuchte.

48) Senatsbeschluß vom 28. Nov. 1558, Deputirte zu einer von
dem Untervogt angeordneten Untersuchung wegen eines Streites von
Studenten mit den Nachtwächtern abzuordnen. Die Untersuchung
gewährte kein Resultat. (S. P.)

49) Senatsbeschluß vom 12. Jänner 1559, einigen Studenten,
welche Nachts zuvor um 11 Uhr mit Mord- und Feuer-Geschrei
eine große Unfuhr gehabt, vor dem Senate einen Verweis zu geben
und sie sodann bis auf weiteres ins Carcer zu legen. — Am
15. Jänner beschließt der Senat, ihre, auf große Kälte gestützte, Bitte
um Entlassung nicht zu berücksichtigen, sondern sie noch einige Tage
länger im Carcer zu lassen. (S. P.)

50) Dem Senate wird am 12. Jänner d. J. angezeigt, daß
M. Roß bei Nachts mit einem Schweinspieße gegangen sei, und
den ihm begegnenden M. Heller damit habe schlagen wollen; daß
derselbe überhaupt sich „ungepürlich in Zechen halte, in allem Luder

liege, ſchreie und
zum Fenſter aus.
51) Beſchluß
Tage, die bona
der, welche einen
ſchlagen und ſich
lingen (wo ein
tet hatten, mit
legen. (S. P.)
demſelben Tage,
oben Nr. 47),
beſſere, troß ſei-
nicht täglich in die
ſeine Bücher ver-
zu dulden. (S. P.)

manchmal die Füß
ſtoße". (S. P.)
von demſelben
dreier Studiren-
Bürgersſohn ge-
ſodann nach Reut-
Aſyl war) geflüch-
Beſchlag zu be-
52) Beſchluß v.
den Küpferlin (ſ.
welcher ſich nicht
nes Verſprechens
Schule gehe und
laufe, nicht länger
55) Im März

1539 wurde ein in Tübingen ſtudirender Pole erſchlagen; es erhellt aus den Acten nicht aus welcher Urſache und von wem, wohl
aber, daß die übrigen Polen ſich über die Langſamkeit der Unter-
ſuchung beim Herzoge beklagten und drohten, ſelbſt „das homi-
cidium bombardis vindiciren zu wollen", was ihnen aber der Senat
unter dem 13. März verwies. Der Erſchlagene ſcheint, wie aus
einem Gutachten der theologiſchen Facultät ſich ergiebt, eine ketze-

riſche Abhandlung
keit haben drucken
(S. P.)
21. Juli 1539 wird
auf Fürbitte ſeiner
derer zum Herren-
aus dem Carcer ent-
dingung vor dem
ſtatt Beſſerung an-
ſich aber nicht beſſer
die Privilegia auf-
55) Durch De-
ſelben Tage wird
1 fl. geſtraft und
Degen abgenommen,
angeſeßt, weil ſie bei

über die Dreieinig-
laſſen zu wollen.
54) Unter dem
Stud. Thalheimer
Hausfrau und an-
ſtande Gehöriger
laſſen, unter der Be-
Senate an Eides-
zugeloben. Wenn er
halte, ſo ſeien ihm
gekündigt. (S. P.)
ſchluß von dem
Dr. Burkhardt um
dem M. Stählin ſein
oder 1 fl. Strafe
einem Beſuche im

Carcer sich gegen den Pedell unartig betrugen. (S. P.)

56) Am 31. Juli 1559 werden mehrere Studenten vor den Senat gefordert, „die eine seltsame Haushaltung und ein ärgerlich Wesen haben". Sie werden ermahnt, besser hauszuhalten und die bei ihnen wohnenden verdächtigen Weibspersonen zu entfernen, auch der nächtlichen Trinkgelage sich zu enthalten. Einer der Vorgeforderten (Fünfrock) protestirt gegen den Verweis, und verlangt eine Untersuchung über seine und seiner Magd Aufführung. Unter dem 15. Sept. wird ihm geantwortet, daß die Untersuchung angestellt worden sei, und es bei dem frühern Beschlusse sein Bewenden behalte, wenn er „anhalte, werde sich Senatus mit gepürlicher Antwort gegen ihn wissen zu halten". (S. P.)

57) Es wird dem Senate angezeigt, daß in der letzten Zeit drei Studenten unschuldig von Bürgern sehr übel verwundet worden seien. Beschluß vom 16. Sept. 1559, die Sache zu untersuchen, und den Untervogt an bessere Erfüllung seiner Pflicht zu mahnen. (S. P.)

58) Schreiben des Magistrates von Lauingen vom 1. Dec. 1559, durch welches Rector und Senat gebeten wird, einen dortigen Bürgerssohn, Schmidt, welcher sich schlecht auf der Universität betrage, nach Hause zu senden.

59) Bericht an Herzog Christoph vom 21. Aug. 1560, in welchem sich Rector und Senat gegen Vorwürfe des Herzoges wegen allzu gelinder Polizei hinsichtlich der fremden Kleidung, des Trinkens und nächtlichen Gassenlaufens zu entschuldigen suchen.

60) Rescript von Herzog Christoph, d. d. Stuttgart 27. Juni 1562, den Studenten das Büchsentragen und Wildbretschießen zu untersagen, auch zu untersuchen, wer ein von drei Studenten in die Stadt getragenes Hirschkalb geschossen habe.

61) Schreiben des Stadtschreibers Gast von Sulzbach am 9. März 1563, in welchem er anzeigt, daß der heimlich von Tübingen entwichene Studiosus Garbitz sich, auf Reclamation des Rectors, wieder dort einstellen werde.

62) Schreiben des Grafen Philipp von Hanau, d. d. 10. April 1564, in welchem derselbe dem Senate für die ihm ertheilte Nachricht von der üblen Aufführung seines Stipendiaten Klingharnisch dankt, und denselben ihm mit einer Anzeige seiner Verfehlungen zuzusenden bittet.

63) Schreiben des preuß. Hof- und Kammerrathes C. von Nostiz, d. d. Königsberg, vom 16. Aug. 1564, in welchem er den Rector

2*

und Senat bittet, seines in Tübingen studirenden Sohnes Schulden auf seine, des Vaters, Rechnung zu bezahlen, und jenen nach Leipzig zu schicken. Aus dem Schreiben erhellt, daß der junge Nostiz in dem laufenden Jahre 500 Thaler gebraucht, und noch weitere 520 Thaler für seine Schulden verlangt hatte.

64) Lateinische Bittschriften von Stud. Goldbeck und Consorten, s. d., ihnen die wegen Musicirens auf offener Straße zuerkannte Carcerstrafe zu erlassen.

65) Lateinischer Anschlag am schwarzen Brette vom 4. Oct. 1564, durch welchen den Studirenden der hergebrachte Unfug untersagt wird, diejenigen Candidaten, welche den Abt von Bebenhausen zu ihrer Doctordisputation einladen werden, zu Pferde und bewaffnet zu begleiten, in das Kloster einzudringen, und dort und unterwegs zu schießen. (Vgl. oben Nr. 10.)

66) Lateinischer Anschlag am schwarzen Brette, s. d., durch welchen die Studirenden vor Störung des katholischen Gottesdienstes in den benachbarten Dörfern gewarnt werden.

67) Lateinischer Anschlag s. d. gegen Nachtlärmen.

68) Schreiben der Nonnen in Sülchen, Samstag nach St. Sebastian 1564, in welchem sie bitten, sie gegen die häufigen und zudringlichen Besuche der Studirenden zu schützen, widrigenfalls sie sich an den Herzog wenden werden.

69) Rescript Herzog Christophs, d. d. Stuttgart 14. Juli 1565, in welchem dem Senate erklärt wird, daß der Herzog erwartet hätte, seine im letzten Winter mündlich ertheilten Befehle zur Abstellung des Unfuges, besonders des Nachtlärmes, der Studenten würden erstlich befolgt: „da befinden wir aber, ist Unns auch selbst, als wir jüngst mit den hochgebornen Fürsten Unsern freundlichen lieben Vettern Herzog Ludwigen Pfalzgrafen und Landgrafen Wilhelm zu Hessen zu Tüwingen gewesen, mit der That begegnet, daß dermaßen durch die ganze Nacht ein Mordgeschrei, Toben und Wüthen uff der Gassen, vast durch die ganze Stadt gewesen, daß wir selbs kein rüwigen Schlaf haben, vielweniger in der Nacht und unnserem Schloß wissen mögen, was für Brandt und Mörderey in Unserer Stadt durch solche leuchtfertige gottlose Leuth angerichtet worden." . . . . Der Senat wird ernstlich angewiesen Gottes und des Herzogs Gebote besser zu handhaben.

70) Schreiben vom Rector und Senat an den Lic. jur. Otzel (?)

in Anspach d. d. 28. Juli 1565, seinen Sohn, welcher sich durch keine Strafe vom Trinken, Müssiggang und Unfuhr abhalten lasse, von der Universität wegzunehmen.

71) Schreiben des Magistrats in Schlettstadt vom 30. Juli 1565, ihrem Bürgersohn, Clow, einen Privat-Präceptor zur Aufsicht bestellen zu wollen.

72) Antwort-Schreiben des Pangratz von Freiberg, d. d. Aschau (?) den 10. Aug. 1565, seinen Sohn dem Verlangen des Senats gemäß von der Universität wegnehmen zu wollen.

73) Antwort-Schreiben von Wolfgang Pfalzgraven bei Rhein und Herzog in Baiern, d. d. 5. Aug. 1565, den Sebastian von Weßenberg dem Verlangen des Senats gemäß von Tübingen wegnehmen zu wollen.

74) Bericht an den Rector (Unterschrift unleserlich) über einen Nachttumult zwischen Bürgern und Studenten; erstere seien mit Spießen und andern Wehren bewaffnet gewesen, und haben erklärt, sie seien in ihren Häusern vor den Studenten nicht sicher „unnd es werde nit gut thon, bis sie derselben einen einmal zu todt schlahen".

75) Schreiben des Senates an Junker Erasmus Aur zu Pidenbach, vom 22. Juli 1566, daß sich sein Sohn schlecht halte.

76) Antwort des Junkers, d. d. Landshut (?) den 22. Sept. 1566, seinen Sohn abrufen zu wollen, wenn er sich nicht bessere.

77) Antwortschreiben von F. Fuchs in Ulm d. d. 20. Jan. 1568, seines Bruders Schulden wegen nach Tübingen kommen zu wollen.

78) Antwortschreiben der Verwandten des Stud. Achaz Wust von Bamberg, d. d. 24. Juni 1568, mit der Bitte denselben nicht wegzuschicken, wie der Senat gedroht, sondern ihn an Ort und Stelle zu strafen.

79) Schreiben der Artisten-Facultät d. d. 1. Aug. 1568, an den Bürgermeister Artz in Heilbronn, worin Nachricht von dem Unfleiße und der üblen Aufführung seines Sohnes gegeben wird.

80) Schreiben des Magistrates in Schw. Hall, d. d. 25. Jänner 1569, den Stud. Brellochs von da nach Hause zu schicken „weil doch kein Provect und Fortgang in Studiis zu hoffen".

81) Schreiben von C. Ongnad s. l. 26. Dec. 1570, seines Bruders Schulden bezahlen zu wollen, so bald die Wege sicher genug seien, um Geld schicken zu können.

82) Antwortschreiben von H. A. von Greyfenegl, d. d. Klagen-

furt 7. Dec. 1571, die Schulden bezahlen zu wollen, welche sein Bruder in Eßlingen während der Flucht der Universität vor der Pest daselbst gemacht, damit derselbe wieder nach Tübingen sich begeben könne.

82) Senatsbeschluß vom 12. Aug. 1574 (auf Klage des Obervogts) den Studenten das Schießen, halten von Jagdhunden und nächtliches Tumultuiren zu untersagen. (S. P.)

83) Senatsbeschluß vom 16. September 1574, den Studenten zu untersagen, Trauben abzuschneiden. Zwei Studenten hatten mit einem Weingartschützen Händel hierüber bekommen, und einer von ihnen wurde von dem Schützen mit dem Spieße durch den Arm gestochen. Tags darauf zogen ihrer viere mit Büchsen und Wehren hinaus, um sich an dem Schützen zu rächen, fanden ihn aber nicht.

85) Auszug aus den gemeinschaftlich mit der Stadt Tübingen entworfenen Statuten von 1575. Kein Bürger oder Universitätsverwandter soll bei strenger Strafe heimliche Trinkstuben für Studenten halten; Wirthe sollen, bei Strafe, dieselben nicht einziehen, Zechschulden sind die Eltern nicht schuldig zu bezahlen; die Apotheker dürfen den Studenten kein Marzipan, Confect oder anders Schleckwerk verkaufen bei Strafe und Verlust der Zahlung; auch an den Kosttischen soll nicht (wie bisher vielfältig geschehen) ein Uebermaaß von Extra-Wein statt finden, und deßhalb haben alle Kostreicher, auch wenn sie Professoren sind, von Zeit zu Zeit ihre Zettel vom Senate revidiren zu lassen; kein Student darf ein Letzin (Abschiedsschmauß) geben ohne Erlaubniß des Rectors. — Kein Schneider soll einem Studenten Tuch verkaufen, sondern der Student soll es beim Gewandtschneider unmittelbar ausnehmen, jedoch nie ohne Vorwissen seines Präceptors oder des Professors, dem er allenfalls empfohlen ist. Für ein Uebermaaß wird der Kaufmann nicht bezahlt. — Wer einem Studenten baar Geld leiht ohne Vorwissen des Präceptors oder dessen, an welchen jener empfohlen ist, erhält keine Bezahlung und noch Strafe. — Welsche Geiger und Spielleute sind in der Stadt, namentlich an den Kost-

tifchen, nicht zu dulden. — Jeder Student hat alle Vierteljahre jeiner
Facultät anzuzeigen, wo er Koft hat und welche Collegien er hört,
auch hat er jeine annotationes zu übergeben, damit man ihn kennen
lerne; die Facultät hat übrigens gebürliche Difcretion zu beobachten,
daß das Studiren nicht serviliter und sordide fondern nach Gebühr
liberalium ingeniorum geschehe. Wo es nöthig ift, follen Privat-
Präceptoren verordnet werden; in deren Nähe wenigftens, wo nicht
in deren Häufern, alsdann die discipuli wohnen müffen. — Die alte
Kleiderordnung wird eingeschärft (in einem bei den Acten liegenden
Auszuge diefer Statuten find befonders genannt: kurze gewirkte
Röcke und Mäntel, baufchende und Plunderhofen, Reiterkappen, gar
breite oder fpitzige Hüte, mit Federn und Streußen befteckt). —
„Nachdem es fich etlichemal zugetragen, daß junge Studenten fich
ohne Vorwiffen ihrer Eltern verehlicht," fo wird diefes verboten;
Niemand foll fich auch in heimliche, von Gott ernftlich verbotene,
Eheverlöbniffe einlaffen, bei Strafe vor das Ehe-Gericht geschickt
zu werden. — Der Senat verfieht fich zu den Grafen und Herren,
welche zum Studiren hergeschickt werden, daß fie der andern Jugend mit gutem Beifpiele vorgehen ihrer angebornen adelichen Tugend nach, und die von Kindheit an in ernftlicher, löblicher und
chriftlicher Zucht gehalten worden: follte das Gegentheil einmal eintreten, fo fehle es nicht an den jungen Herren, fondern an ihren
Präceptoren, auf welche man dann ein fcharfes Auge haben werde.
(P. St.)

86) Refcript von Herzog Ludwig vom 27. Nov. 1574, wodurch
befohlen wird, die von der Univerfität in Gemeinfchaft mit der Stadt
Tübingen entworfene Ordnung (f. vorftehende Nummer) vorläufig
noch nicht in den Druck zu geben, fondern fie erft ½—1 Jahr zur
Probe anzuwenden, und alsdann über den Erfolg zu berichten.

87) Herzogliches Refcript vom 9. Febr. 1575 deffelben Inhaltes.

88) Schreiben des Senats an den Magiftrat in Nürnberg vom
12. März 1575, einen Tübinger Bürger bezahlen zu wollen, welcher
als befonderer Bote einen Nürnberger Bürgersfohn, Till, nach Haufe
liefern follte, allein dieß nicht gekonnt „da derfelbe fich in Ellwangen
unterwegs zu den Pfaffen begeben". Laut Senats-Protocoll vom
14. Mai kam abfchlägige Antwort. (S. P)

89) Schreiben der Grafen von Hohenlohe an den Senat, fie
feien Willens die jungen Herren ad Studium nach Tübingen zu

thun, begehren für dieselben einen Hofmeister, qui sit nobilis, bonus, humanus, qualificatus, eines gestandenen Alters, so ohnedes allhier studire. Senatsbeschluß vom 15. April, sich umzusehen. (S. P.)

90) In der Senatssitzung vom 11. Juli 1575 zeigt der Rector an, daß trotz des neuen Statutes noch manche Studenten Hüte und kurze Mäntel tragen; ferner daß einige zur Verhöhnung des Befehls itzt lange Bad-Mäntel, sammtne Hafen-Deckelin und Bader-Hüte tragen, endlich daß die von der Verordnung ausgenommnen Freiherrn und Graven auch ihre Diener von dem Gesetze ausnehmen. Senatsbeschluß, diese Uebertretungen alle abzustellen. Dieß wird auch alsbald den vorgeforderten Schuldigen eröffnet. Einer derselben erklärt in ihrem Namen, sie hätten bisher geglaubt, nur die „uffgeschlitzten und gestilpten Hüet" seien verboten, da sie aber itzo verständigt seien, daß alle Filz-Hüte verboten seien, so werden sie dieselben ablegen. (S. P.)

91) Durch Senatsbeschluß vom 28. August wird H. von Wuttenow, der kleine Sachs genannt, vor den Senat gefordert und „wegen seiner Mishandlung" ins Carcer gelegt, im Weigerungsfalle relegirt. (S. P.)

92) Durch Senatsbeschluß vom 10. Sept. wird M. Löcker, der mit einem andern Studenten eine „Schlachthandlung" gehabt, indem sie einander mit blosen Wehren und großem Gottesschwören über den Kirchhof gejagt, auf zwei Tage ins Carcer gelegt. (S. P.)

93) In der Senatssitzung vom 18. Sept. d. J. wird die Anzeige gemacht, daß die Privatpräceptores ihre discipulos übernehmen und bis 10 fl. von ihnen fordern. Beschluß: sie sollen über 6 fl. pro disciplina nicht nehmen, außer wenn ein Reicher freiwillig etwas weiteres geben wolle. — Ferner wird angezeigt, einige magistri, qui in aedibus alunt discipulos, stecken etwa 12 oder mehr in Eine Stub, fordern von jedem 10 fl. pro habitatione, und repetiren höchstens des Tags eine Stunde lang mit ihnen. Beschluß: die sämmtlichen Stuben zu tariren. (S. P.)

94) In derselben Sitzung beklagt sich der Kanzler, daß den neuen Statuten gar nicht nachgelebt werde, er habe dieß bereits dem Herzoge gemeldet, und er werde sein Kanzleramt niederlegen, wenn es nicht besser werde. Beschluß: die Studenten vorzufordern, und ihnen die Haltung der neuen Statuten einzuschärfen. Der Beschluß wird am 2. Sept. vollzogen. (S. P.)

95) Am 30. Sept. d. J. geht das Colleg. Decanorum die Rech-
nungen aller Kostherren, welche Studenten am Tische haben, durch,
um zu sehen, ob die Studenten sich nicht über die gewöhnliche Portion
allzu viel Wein geben lassen. Manche, sowohl Kostherren als Kost-
gänger, erhalten Verweise. (S. P.)

96) Am 3. Nov. d. J. meldet der Rector dem Senate, daß ihm
der Kanzler einen Studenten angezeigt habe, welcher während der
Predigt mit einem schandlichen kurzen Röcklin bekleidet im Chor
gestanden sei; er habe denselben alsbald vorgefordert, und ihm die
privilegia abgekündigt, „der sich aber hoch darüber beschweret“.
Der Senat beschließt, daß es sein Verbleiben bei dieser Relegation
habe. (S. P.)

97) Unter dem 20. Nov. d. J. wird ein Student bei Wasser
und Brod ins Carcer gelegt, weil er bei Nacht herumgelaufen und
die Wächter gehochmuthet. (S. P.)

98) Untersuchungs-Protocoll vom 20. Febr. 1576 gegen die Stud.
Darnbühler, Eßig, Bromberg, u. s. w. wegen wiederholter bewaff-
neter Angriffe auf die Schaarwache. Nach dem Beschlusse des
Colleg. Decanor. werden Carcerstrafen erkannt.

99) Senatsbeschluß, daß künftig zweierlei Studententische sein
sollen, ein geringerer zu drei Trachten, einem Quart Wein und in
der Woche zweimal Braten, des Jahrs zu 58 fl.; und ein höherer
und besserer. (S. P.)

100) Am 16. Mai 1576 berichtet der Rector dem Senate, es
seien drei Abgeordnete der verwittweten Gräfin von Wallerstein
da, welche bitten: 1) es möchte der Senat ihrem jungen Herrn,
der aus allerhand Ursachen aus seinem bisherigen Kosthause weggenommen worden, zu einer bequemen Habitation und Tisch ver-
helfen, widrigenfalls ihm ein eigener Koch, Hofmeister und zwei vom
Adel gehalten werden werden; 2) der Senat möchte einen andern
Präceptor für das Herrlein vorschlagen. — In seiner Antwort macht
der Senat der Gräfin Vorschläge hinsichtlich der Kost und der Woh-
nung, wenn sie sie aber nicht annehmen wolle, möge sie eine eigene
Haushaltung anrichten; 2) rathet er den bisherigen Hofmeister zu
behalten. (S. P.)

101) Am 27. Mai beklagt sich der Pedell, daß er von Studenten,
denen er das Lautenschlagen auf der Straße untersagt, angegriffen
worden sei, und sich ihrer kaum mit seinem Spieße habe erwehren

können, auch ohne Dazwischenkunft eines Bürgers nicht ungeschlagen von ihnen gekommen wäre. Beschluß: drei Studenten auf 8 Tage zu incarceriren; alle andern Anwesenden um 1 Ort zu strafen. (S. P.)

(02) Zu derselben

Sitzung bittet der Pedell ihm von den Incarcerirten weiter als 1 Batzen zu verwilligen; „lassens aber meine Herrn bei dem alten Cochgeld von 1 Batzen verbleiben". (S. P.)

(03) Senatsbeschluß vom 26. Juli 1576, zwei Studenten ins Carcer zu thun, welche sich mit einem Schuster geprügelt; zwei andere um 1 fl. zu strafen, weil sie in die Steine gehauen, und dem

M. Frevel, der es ihnen unterfagt, herausgefordert haben. (S. P.)

104) Am 10. Oct. 1576 zeigt der Rector dem Senate an, Stud. v. Thalheimer habe mit zwei Hafnergefellen Händel bekommen, habe fie mit feiner Wehr gedrängt, fo daß einer derfelben, fo auch ein Wehr gehabt, fich habe vertheidigen müffen, allein Thalheimer habe ihm über den Kopf, und den Daumen aus der Hand gehauen, und ihn dadurch auf den Tod verwundet; jedenfalls fei derfelbe, wenn er auch auffommen follte, zur Arbeit untüchtig. Befchluß: an den Herzog zu berichten. (S. P.)

105) In der Senatsfitzung vom 4. Jänner 1577 befchwert fich der Untervogt von Tübingen über die Studenten, daß fie fich bei Nacht gar ungebürlich verhalten, fo daß fich kein Bürger mehr zum Wächter wolle beftellen laffen, und zu beforgen fei, daß wo man nicht bei Zeit dieß abftelle, ein arger Jammer und Noth daraus hervorgehe. Er führt viele Fälle an, in welchen Bürger, welche Nachts auf der Straße gingen, mit Schimpfreden, Stein-, Koth- und Schneewürfen beläftigt, mit bloßem Degen verfolgt worden feien, alles ohne Urfache von ihrer Seite. In Summa, fei ein gottlos Wefen, wie in Sodom und Gomorrha. Befchluß: von Seite der Univerfität auch Wächter zu beftellen, und Unterfuchungen zu ver-anftalten. (S. P.)

106) Senatsbefchluß in derfelben Sitzung, den M. Libius, welcher mit andern Studenten in Luftnau mit Schmidsknechten Schlaghändel gehabt und hart verwundet worden fei, ftatutengemäß zu beftrafen, da die Studenten an dem ganzen Handel fchuldig gewefen. (S. P.)

107) Senatsbefchluß vom 21. Jänner d. J., daß Urfula, des C. Pucker Hure, feit geftern wieder angekommen, und zu beforgen fei, daß fie wieder practicire. Befchluß: fie alsbald auszufchaffen, ihn aber vor den Senat zu rufen, und fich Handtreue geben zu laffen, daß er der Perfon müßig gehen wolle. (S. P.)

108) In der Senatsfitzung vom 31. Jänner wird ein herzogl. Befehl verlefen, zu berichten, wie es mit dem jungen Thalheimer ftehe. Antwort: er fei der Univerfität unnütz, faufe, mache viel Schulden, und möge in alleweg abgerufen werden. (S. P.)

109) In derfelben Sitzung werden mehrere Studenten wegen Schlaghändel, zum Theil auf längere Zeit, ins Carcer gefprochen. (S. P.)

110) Senatsbefchluß vom 6. Febr. 1577, nach welchem 6 Studen-ten je auf 14 Tage ins Carcer gefprochen werden, weil fie vor

Dr. Ochsenheimers Haus tumultuirt, den Besitzer geschmäht, herausgefordert und ihm endlich die Fenster eingeworfen hatten. (S. P.)

(11) Senatsbeschluß vom 14. Febr. d. J., den Aeltern derjenigen
einheimischen Studenten, welche sich der Kleiderordnung nicht fügen
wollen, zu schreiben; den Untervogt aufzufordern, daß er die von
der Universität Excludirten, welche in der Stadt wohnen, anhalte,
sich wie die übrigen Handwerksleute zu tragen; endlich den Pedell
ernstlich zu ermahnen, alle anzuzeigen, welche Hüte und kurze Mäntel
tragen. (S. P.)

(12) Senatsbeschluß vom 1. Feb. 1577, daß die Studenten ihre
Jagdhunde abschaffen sollen. (S. P.)

(13) Dem Senate wird angezeigt, es habe Nachts zuvor ein
Student mit Gewalt noch in ein Wirthshaus gewollt, und als über
dem Lärmen der Pedell dazu gekommen, habe jener erklärt nicht
unter der Universität zu stehen. Nun sei der Stadtknecht geholt
worden, gegen den habe er aber gestochen, sei dann aber von einem
der Wächter mit dem Schweinspieße tödlich an dem Kopfe verwundet worden. (S. P.)

(14) Oeffentlicher Anschlag am schwarzen Brette vom 3. Febr.
1577, während der Faschingszeit nicht vermummt zu gehen, und,
bei 14 Tage Carcer, Nachttumult und Angriffe auf die Schaarwache
zu unterlassen.

(15) Untersuchungs-Protocoll vom 16. Aug. 1577 gegen W. E.
von Thalheimer, wegen Angriffs auf die Wächter, und gegen drei
Studenten, so im Hemde durch die Straßen gegangen.

(16) Klage des Obervogtes und Vogtes von Herrenberg vom
21. Oct. 1577, über das Betragen einiger betrunkener Studenten
in Herrenberg.

(17) Untersuchungs-Protocoll vom 3. Aug. 1577, weil dem
Untervogte die Fenster eingeworfen wurden.

(18) Untersuchungs-Protocoll vom 14. Jänner 1588, gegen
Stud. Maier wegen Händel mit der Schaarwache.

(19) In der Senatssitzung vom 19. Juni 1578 zeigt der Rector
an, daß die Stadtbehörden sich über den Nachtlärm der Studenten
beklagen; wenn die Stadtknechte oder Wächter ihnen abbieten, so
fluchen sie gar übel, und sagen, dieselben hätten ihnen nichts zu befehlen. Bis man aber den Pedell wecke, seien sie weggelaufen.
Andere gehen vermummt Nachts auf der Straße. — Der Rector

sagt zu seiner Rechtfertigung, er habe den Pedell zwei Nachtwachen thun lassen, könne aber Keinen erfahren. (S. P.)

(20) Am 26. Juli 1578 wurde Abends neben dem Univerſitäts-hause ein gewiſſer Widmann (jeden-falles ein Univerſitäts-Verwand-ter, ob aber ein Student, erhellt nicht aus den Acten) todt geſtochen, nachdem er noch lange laut um Hülfe gerufen. Man fand einen Mantel, Hut und Dolch bei dem Leichname liegen, hatte auch auf Einige Verdacht, ohne daß aber — ſo weit aus den vorhandenen Urkunden zu erſehen — der Thäter entdeckt wurde. (S. P.)

(21) Senatsbeſchluß vom 31. Juli d. J., zwei Studenten je um 1 fl. zu ſtrafen, weil ſie einen Bürger mit dem Dolche ange-griffen. (S. P.)

(22) Im Dec. 1579 wurde von einem in Tübingen ſtudirenden Sachſen ein Bürgersſohn in einem Streite bei einer Hochzeit erſchlagen. Näheres erhellt aus den Acten nicht, doch ſcheinen die Studenten mindere Schuld an dem Vorfalle gehabt zu haben, indem einige anfänglich Incarcerirte nach wenigen Tagen wieder frei gelaſſen wurden, und nur ein Studenten-Famulus die Stadt verlaſſen mußte. Uebrigens war eine bedeutende Aufregung unter den Bürgern gegen die Studenten, ſo daß man für gut fand, die Nachtwachen zu ihrem Schutze zu verſtärken. (S. P.)

(23) Senatsbeſchluß vom 6. Jänner 1580, durch welchen eine Anzahl von Studenten, welche bei einem Schmauſe viel Lärmen bis in die ſpäte Nacht gemacht, theils mit Carcer theils um Geld be-ſtraft werden. (S. P.)

(24) Senatsbeſchluß vom 24. Febr. 1580, eine Anzahl von Stu-denten, welche in der letzten Woche mit Lauten und Geigen auf den Straßen herumzogen, eben ſo deren Präceptores vor den Senat zu fordern, und ſie zu objurgiren. (S. P.)

(25) In der Senatsſitzung vom 20. März 1580 wieder Klage über Nachtlärmen und Händel. (S. P.)

(26) Durch Senatsbeſchluß vom 11. Juli 1580 wird auf Klage des Magiſtrates in Reutlingen beſchloſſen, einige Studenten, welche

an diesem Orte gefrevelt haben und um 2 fl. gestraft worden seien, zur Erlegung der Strafe anzuhalten, und sie überdieß 5 Tage ins Carcer zu legen. (S. P.)

127) Der Obervogt von Tübingen beklagt sich am 17. Nov. 1580, daß etliche unbekannte Studenten, als er ein ehrlich Gastung und Tanz in seinem Hause gehabt, vor dasselbe gekommen, viel schandliche Reden geschrieen, und herabgefordert hätten. Als seine zwei Knechte sie mit Spießen haben verjagen wollen, hätten sie sie nicht abtreiben können, sei einem sogar der Spieß abgehauen worden. Beschluß: Wache durch die Buchbinder thun zu lassen. (S P.)

128) Senatsbeschluß vom 24. Nov. 1580, daß bei Carcerstrafe verboten sein soll, auf dem Kirchhofe unter der Predigt zu spaziren, in die Kirche hineinzusehen und zu lachen. (S. P.)

129) Bei der im Jänner 1581 gehaltenen Universitäts-Visitation erklärte der Senat in Beziehung auf die neuen Statuten, daß sie, die Wahrheit zu vermelden, nicht könnten gehalten werden. Die aus fremder Nation herkommen, bringen auch ungewöhnliche Kleidung mit, wenn man sie zu den Statutis anhalten würde, ziehen sie wieder hinweg, so daß die Schul gar leer stehen müßte. — Die Commissarien versprechen an den Herzog zu berichten. (S. P.)

130) Senatsbeschluß vom 20. April 1581, den M. Hofmann, welcher einen andern Studenten auf den Tod verwundet, ins Carcer zu legen, und weitere Untersuchung anzustellen. (S. P.)

131) Beschluß von demselben Tage, zwei Studenten, über deren unchristlich Leben mit Schreien, Auslauffen u. s. w. der Untervogt sich beschwert, ins Carcer zu legen, und dem Vater des einen derselben zu schreiben, daß er ihn von der Universität abholen lasse. (S. P.)

132) Dem Senat wird am 18. Juli 1581 angezeigt, daß ein Messerschmid von Reutlingen den von Bünau auf der Fechtschule so an den Schlaf geschlagen, daß er wohl sterben müsse. Beschluß: wegen dieser zufälligen Beschädigung nichts zu verfügen. (S. P.)

133) Rescript Herzog Ludwigs, d. d. Stuttgart 9. Dec. 1581, bei der sich nähernden Hochzeit des Truchses Ordnung unter den Studirenden zu erhalten; gleiches sei dem Obervogt von Tübingen hinsichtlich der Hochzeitleute geboten.

134) Herzogliches Rescript vom 2. Febr. 1582. Es sei in Erfahrung gebracht, daß das Zehren in Derendingen sehr überhand nehme; der Senat habe das Uebermaas abzustellen.

(135) Senatsbeschluß vom 22. Febr. 1582, das Verbot der Masken zu erneuern; Strafe: 5 Tag Carcer. (S. P.)

(136) Senatsbeschluß vom 25. Oct. 1582, zwei von Adel, welche erst hergekommen und noch nicht inscribirt seien, sich aber bereits geschlagen haben, vorerst dem Untervogte zur Bestrafung zu über- geben, dann aber aufzunehmen. (S. P.)

(137) An demselben Tage beklagt sich der Pedell, daß er von den Bürgern keine Hülfe erhalte, wenn er übermannt werde. Der anwesende Untervogt läugnet es; der Pedell komme selten und brauche keinen Ernst. (S. P.)

(138) In der Senatssitzung vom 29. Oct. wird ein herzogl. Rescript eröffnet, daß künftig der Untervogt solche Studenten, welche bei Nacht Lärmen machen, einfangen und einstecken, und erst am andern Morgen dem Rector übergeben soll. — Dieser Befehl giebt zu großer Debatte Anlaß. Einige der Senatoren sind der Meinung, dieser Eingriff in die Privilegien sei wohl verdient, weil man die Disciplin so schlaff gehandhabt habe; die Kostherren lassen ihre Tischgänger bis Mitternacht trinken, und dann gehen diese auf die Straße und treiben allen Unfug. Die Mehrzahl aber will protestiren gegen diesen Eingriff in die Privilegien; überdieß sei Unglück zu besorgen, man kenne die Grobheit des Untervogtes wohl, und auch die Bürger schlagen gleich drein, wie sie früher schon einmal einen Studenten todt geschlagen haben. Man solle dem Pedell mehr Fleiß befehlen und die Wache von Seite der Universität verstärken. Endlich nimmt der Kanzler es auf sich, den Befehl zu suspendiren. (S. P.)

(139) Senatsbeschluß vom 4. Nov. 1582, einige Studenten ins Carcer zu legen, welche Fenster eingeworfen hatten. (S. P.)

(140) Senatsbeschluß vom 21. Dec. 1582, einen Studenten zu incarceriren, der bei Nacht einen Knecht mit einem Steinwurfe ver- wundete. Die Wächter klagen überhaupt, daß so viele Würfe ge- schehen. (S. P.)

(141) In der Senatssitzung vom 23. Dec. 1582 beschwert sich der Kanzler: 1) daß so viele studiosi inanes hier seien, die nit Präceptores haben; es sei zu sorgen, daß diesem nothwendigen Stuck und Fehl abgeholfen werde. Beschluß: der Artisten-Facultät die Vollziehung der Statuten zu übertragen. — 2) Daß so viel famuli da seien, welche nichts gutes schaffen, und nit studiren; jeder Studiosus halte seinen Famulus; man müsse die bösen ußrotten. Beschluß: die

sämmtlichen famulos vor das Colleg. Decanorum zu fordern, sie einzuschreiben und zum studiren anzuhalten. — 5) Daß die studiosi wie die milites mit ihren Bratspießen zu Tisch kommen, sie immer unter dem Arm tragen, wie wenn sie drein schlagen müßten, sei vor Zeit der Brauch gewesen, daß man nit Wöhr getragen. (??) — Beschluß: Der Rector soll die nobiles privatim ermahnen. — 4) Daß die Studenten so viel trinken, was die Leute abschrecke ein Kind nach Tübingen zu thun; bringe die Universität in Verruf. Beschluß an allen Kosttischen den betreffenden Passus der Statuten verlesen zu lassen, mit der Drohung, man werde die Uebertreter ernstlich strafen. (S. P.)

142) Senatsbeschluß vom 2. Jänner 1583, daß künftig kein Kost-gänger einen Gast mehr zu Tische mitbringen dürfe, indem dieß die Hauptursache der Trinkgelage sei, (weil die Sitte war, daß j e d e r Anwesende dem Gast einen Schoppen Wein vorsetzen ließ.) Am 5. Jänner müssen alle Kostreicher vor dem Senate erscheinen und eine Ermahnung des Rectors anhören, Ordnung an ihrem Tische zu halten. (S. P.)

143) Senatsbeschluß vom 15. Jänner 1583, um den Lärmen und das Gassengehen abzustellen, soll e i n e b e z a h l t e Wache alle Nacht aufgestellt werden. (S. P.)

144) Am 28. Febr. 1583 entstand zwischen dem Dr. Ochsenbach und einigen seiner Kostgänger Streit; Ochsenbach rief die Bürger zu Hülfe, die Studenten aber bereiteten sich zur Gegenwehr vor. Rector und Obervogt begaben sich in das Haus, um den Lärmen beizulegen, allein es gelang ihnen nur mit Mühe, und nachdem namentlich gegen den Obervogt drei Studenten (aus Preußen gebürtig) sich sehr unartig betragen hatten. Am 1. März wurden diese drei vor das Collegium der Decane gefordert, und ihnen eine kleine Carcer-strafe angekündigt. Als sie sich hierüber beschwerten, da sie an dem ganzen Streite nicht schuldig gewesen, von dem Obervogte aber, der die Bürger gegen sie aufgehetzt habe, gereizt worden seien, so wurde auf den Nachmittag Senatssitzung gehalten, noch einmal be-rathschlagt und die Strafe bestätigt. Sie weigerten sich aber auf das Bestimmteste zu gehorchen, und während noch mit ihnen unter-handelt wurde, liefen die Studenten bewaffnet vor dem Senatshause zusammen und drohten die Stadtknechte todt zu schlagen, wenn die Verurtheilten mit Gewalt ins Carcer geführt würden. Vergeblich

suchte der Rector sie
zu beruhigen; und
man traf nun den
Mittelweg, die Verur-
theilten vorläufig in
einem Zimmer im
Senatshause inne zu
behalten. Am folgen-
den Tage erschien der
Obervogt und der
ganze Magistrat vor
dem Senate und ver-
langte Bestrafung der
Schuldigen. Der Senat
entschied, daß die oben-
genannten Drei noch
vor Sonnenuntergang
die Stadt verlassen
müßten, widrigenfalls
sollten sie relegirt und
alsbald dem Vogte
übergeben werden.
Als sie sich aber wieder
weigerten zu gehor-
chen, so wurden sie
blos in ihr Zimmer
geführt, nicht aber
der Stadtbehörde übergeben,
aus Furcht es möchte in illo furore
nichts gutes daraus folgen. Prof.
Darnbüler erhielt itzt den Befehl, sogleich zum Herzog zu reiten und Be-
scheid einzuholen. Indessen waffneten sich
die Studenten immer mehr, brachten Büchsen in denjenigen Häusern zusammen, in
welchen sie sich verschanzen wollten; anderer Seits wurde aber auch die Bürgerschaft aufgeboten und stand auf dem Markte

unter Anführung ihrer Obern bereit. Bis zur Wiederkehr des Abge-
ordneten wurde Untersuchung über den Anfang des Streites, über
die Rädelsführer bei dem Aufruhre vor der Aula, und über die
Rüstungen der Studenten gehalten; namentlich suchte der Senat die
famulos der Studenten einzuschüchtern. Am 6. erschien Varnbüler
wieder mit einer fürstlichen Commission, welche erst vom Senate hören
wollte, wie er der Sache ein Ende machen wolle: allein dieser über-
ließ derselben die Beilegung. Sie erzwang denn auch, ohne weitere
Wiedersetzlichkeit von Seite der Studenten wie es scheint, nicht nur die
Relegation der drei zuerst Betheiligten, sondern auch die Entfernung
von noch weitern fünf, welche als Rädelsführer bei dem Aufstande
vor der Aula betrachtet wurden. Das Urtheil wird am 10. März
publicirt. Der Senat dankte zunächst feierlich Gott, dann dem Herzoge, und überschickte der Bürgerschaft zwei Eimer Wein zur Er-
götzlichkeit wegen ihrer harten Wache: der Pedell aber kam 2mal
24 Stunden ins Carcer wegen seiner bei der Sache bewiesenen Nachlässigkeit. (S. P.)

(45) Rescript von Herzog Ludwig, d. d. Stuttg. 23. März 1585,
durch welches dem Senate seine schlaffe Disciplin strenge verwiesen
wird. Damit wird übersendet

(46) ein herzogl. Placat, d. d. Stuttg. 26. März 1585, welches
verkündet, „daß unlengst etliche, so sich als Studenten zu Unser
Universität gleichwol bekennet und derselben zugethan seyn wöllen,
durch viel unfuegsamlich, erweckte strafmäßige Handlungen und
Widersetzlichkeit eine solche Unruhe verursacht, daß man sich
dannenhero nit allein geferlicher Tättlichkeit, besonders auch eines
gemeinen Aufstandes — besorgen müssen.“ Zur Abstellung dieser
Uebelstände werden die Studirenden bei schwerer Strafe zu genauer
Befolgung der Gesetze und zum Gehorsame gegen Rector, Can-
cellarius und Regenten der Universität, als ihrer ordentlichen von
Gott vorgesetzten Obrigkeit ermahnt.

(47) Schon am 3. April wird aber im Senate wieder geklagt,
es sey in der Nacht eine gräuliche Unfuhr gewesen, ferner während
der Abend-Kirche ein beständiges Schießen; endlich sey ein Student
in der Bursch von einem andern, einem Sachsen, der sich auch
schon bei dem Aufruhr besonders hervorgethan, schwer verwundet
worden. (S. P.)

(48) Am 5. April wird beschlossen, 4 nobiles, so auf dem offenen

Wörth ein Gefecht gehabt, ins Carcer zu legen „und wohl er-
kühlen zu lassen." Eben so den Sachsen Reinhardt. Ein (unge-
nannter) Pole wird vorgefordert und ihm mit Wegschicken gedroht,

wenn er nicht fleißiger
werde. (S. P.)

(49) Am 15. April
wird das herzogl. Placat
(s. oben Nr. 46) ange-
schlagen, und eine Rede
an die Studenten vom
Kanzler gehalten, daß
künftig strenge auf die
Statuten werde gehalten
werden. (S. P.)

(50) Senatsbeschluß
vom 21. Mai, den mehr-
erwähnten Sachsen Rein-
hardt mit einem Viaticum
von 6 Thlr. nach Hause
zu schicken, da er aber-
mals im Rausche Händel
auf dem Markte ange-
fangen. (S. P.)

(51) Herzogl. Res-
cript an Ober- und Unter-
vogt von Tübingen, d. d.
Leonberg, 8. Juli 1585,
durch welches der Bürger-
schaft auf Antrag des
Kanzlers J. Andreä be-
fohlen wird: 1) neuange-
kommene, bei ihnen woh-

nende Studirende anzuhalten, sich innerhalb 3 Tagen bei dem
Rector zur Inscription zu melden und einen ordentlichen Kostisch
zu nehmen, widrigenfalls sie unter der Jurisdiction der Amt-
leute seyn sollen; 2) den Studirenden keine esculenta und po-
culenta geferlicher Weise und allein zum pankhetieren zu verab-
reichen; 3) dieselben nicht zu Hochzeiten einzuladen; endlich soll

3 *

4) der Untervogt die Häuſer viſitiren, in welchen ungepürende Däntz und Schlaftrünkh gehalten werden, damit das überhand nehmende Laſter der Unzucht wieder ausgerottet werde; er ſoll „die Vogel und Neſt mit einand ufheben."

152) Die Statuten werden in den Senatsſitzungen vom 22. Juli 1583 fg. revidirt und manches abgeändert. (S. P.)

153) Am 19. Sept. 1583 verwundete der von Zillenhard ſeinen ältern Bruder auf ihrem gemeinſchaftlichen Zimmer in einem Streite ſehr gefährlich; der Thäter entfloh zuerſt, wurde aber beigefangen und ins Carcer gelegt. Am 8. Oct. wurde er verhört, und dann beſchloſſen, ihn peinlich zu proceſſiren, vorher aber ſeinen Verwandten Nachricht zu geben. Auf Fürbitte des Verwundeten ſelbſt wurde aber beſchloſſen, daß, wenn der Landhofmeiſter und andere vom Adel für ihn ebenfalls intercediren wollen, vom peinlichen Proceſſe abgeſtanden werden ſolle. Da dieſe Bedingung erfüllt wurde, ſo erfolgte am 20 Oct. fünfjährige Relegation als Strafe. (S. P.)

154) Am 8. Oct. wird dem Senate angezeigt, zwei Studenten, welche neuen Wein in der Kelter getrunken, und deßhalb von den

Weingärtnern „mit Streich tüchtig abge-töffelt worden", haben gedroht die Stadt an-zuzünden. Sie ent-ſchuldigen ſich damit, daß ſie beweint ge-weſen. Beſchluß: ſie ſtraflos zu laſſen, da ſie bereits übel trac-tirt worden. (S. P.)

155) Am 20. Oct. wird Ch. von Vorheck 8 Tage ins Carcer gelegt, weil er Fenſter eingeworfen. (S. P.)

156) Am 25. Jänner 1584 wird dem Senate ein herzogl. Be-fehl wegen des ungebürlichen Schießens und Büchſentragens der Studenten inſinuirt. Beſchluß: einen öffentlichen Anſchlag zu machen. (S. P.)

157) Bei der Univerſitäts-Viſitation von 1584 wird, unter andern hierher nicht gehörenden, (am 4. Febr.) auf die Frage

des Herzogs, ob man auch von Seiten des Senats ob den statutis halte? geantwortet: Man müsse bekennen, daß den Stat. nit gelebt; aber die Jugend sei so verderbt, daß man nothwendig die Statuten revidiren müsse. Sonsten halte man ob den Statuten so vil als möglich. Item, der Jörg von Ehningen sei pestis studiosorum und verführe sie alle, wie der Obervogt selbst (dessen Vater) anerkenne. Item, die Wirthe halten den fürstl. Befehl nit, die Studiosos nit zu setzen; sei erst kürzlich ein Kränzlein im Schaaf gehalten worden. — Die Commissarien antworten darauf: die Statuten müßten besser exequirt werden. Man könne alle Nacht groß Geschrei auf der Gasse hören, die Studenten laufen die Häuser an, und geben den Innwohnern spöttliche Reden. Erst vor einigen Tagen sei ihr eigner Bub, den sie in ein Haus geschickt, am Brunnen von einem Studenten mit der Büchse niedergeschlagen worden, daß man ihn habe nach Hause tragen müssen. (S. P.)

158) Senatsbeschluß vom 5. März, zwei Studenten nach Hause zu schicken, weil sie nicht studiren, sondern nur lärmen; einen dritten aber ins Carcer zu legen, weil er Nachts vor Dr. Kienlins Haus Lärmen gemacht, in die Thüre gehauen u. s. w. (S. P.)

159) Abraham Wolfskel aus Speier wird vom Rector ins Carcer gelegt, weil er um Mitternacht auf der Straße gräulich Gott geläftert, als nämlich „hundert tausend Donner-Sacrament" und „das Feuer soll vom Himmel fallen". Senatsbeschluß vom 8. Febr., ihn noch etliche Tage im Carcer zu lassen, dann vor den Senat zu fordern, und ihm zu erklären, daß, wiewohl man Ursach hätte strengen Weg mit ihm zu verhandeln, man seiner Eltern und Jugend schonen und ihn nur sogleich aus der Stadt wegschicken wolle. Als man ihm am 16. Februar die Strafe ankündigt, „hat er mit Weinen aufs höchst gebett, daß man ihm noch 8 Tage Dilation gebe", was aber nicht bewilligt wird. (S. P.)

160) Am 26. März d. J. wird ein Student zu 10 Tage Carcer verurtheilt, weil er in prandio doctorum sich turpiter gerirt. (S. P.)

161) Am 24. Juni 1584 zeigt der Rector dem Senate an, es seie in der letzten Nacht um 2 Uhr ein Haufen Studenten auf den Markt gekommen mit Lauten, Zittern, Geigen u. s. w., und habe dort gespielt. Stud. von Unruhe, der am Markte wohne, habe dazu gejuchzt, und nun habe ihn der von Rantzau herabgefordert, wenn er ein ehrlicher Gesell sei. Als Unruhe würklich herabge-

kommen, seien ihrer 7 mit bloſen Wehren auf ihn eingedrungen, und haben ihn bis an den Brunnen getrieben, wo ſich dann die

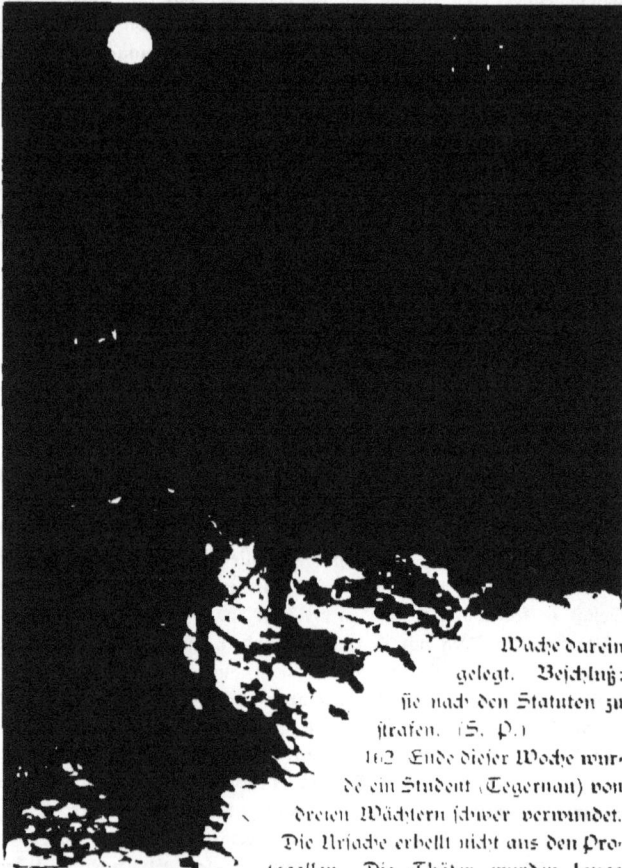

Wache darein gelegt. Beſchluß: ſie nach den Statuten zu ſtrafen. (S. P.)

162 Ende dieſer Woche wurde ein Student (Tegernau) von dreien Wächtern ſchwer verwundet. Die Urſache erhellt nicht aus den Protocollen. Die Thäter wurden lange im Carcer behalten, trotz der wiederholten Fürbitte der Stadt. (S. P.)

163) Senatsbeſchluß vom 8. Nov., einige Studenten wegen Nachtlärmens eine Zeitlang im Carcer zu halten. (S. P.)

164) Auf Fürbitte des Hofrichters und der Aſſeſſoren wird Stud.

von Rantzau aus dem Carcer entlassen. Derselbe hatte einem gew. Georg Waibel die Hand abgehauen. Näheres erhellt nicht aus den Acten. (S. P.)

165) Der Rector zeigt am 14. Jänner 1585 an, es hätten einige nobiles peregrini die Fenster im Schaaf hinausgeschlagen: ob die stud. nobiles auch mit drein ge-schlagen, wisse er nicht, halt' aber wohl, sie werden auch mitgemacht. Beschluß: die studios. nobiles zu beschicken, und ihnen zu verweisen, daß sie ein so unsläthig Wesen verhan-delt. (S. P.)

166) Am 10. Juni 1584 beschließt der Senat, eine An-zahl von Studenten 8 Tage ins Carcer zu legen, weil sie die vorüberfahrenden Flößer vexirt. (S. P.)

167) Am selben Tage wird ein anderer Student 2 Tage ins Carcer gelegt und dann excludirt, weil er mit seinem Stiefvater einen grausamen Lärmen angefangen und schrecklich geflucht habe. (S. P.)

168) Einer Wittwe Megelin wird das Kostgängerhalten ganz verboten, weil sie ein Trinkgelage gestattet hatte, bei welchem von 16 Gästen 50 Maas Wein getrunken worden waren. M. König-spach, den man auf dem Schiebkarren heim führen mußte, und einige Andere, welche ihm noch unter Wegs auf der Straße Wein ein-schütteten, kommen ins Carcer. (S. P.)

169) Deliberatio in Senatu am 5. Juli 1585, der Wirth halber, daß die studiosi et praecipue nobiles Tag und Nacht fressen und saufen, Fenster einschlagen, schreien. Beschluß: den Vögten fürzu-halten, daß sie die Wirthe strafen; auch sollen sie die Rejicirten nicht so lange in der Stadt dulden. — Die Vögte antworten aber, der Senat möge selbst die Rejicirten ausschaffen, denn wenn der Untervogt sie beschicke, so kommen sie nicht, und lasse er sie suchen, werden sie von den andern Studenten verborgen; den Wirthen sei schon öfter der Lärm vorgehalten worden, diese behaupten aber, daß die

Studenten hauen und stechen wollen, wenn sie sie abzuschaffen begehren. (S. P.)

170) Am 28. Febr. 1586 wird dem Senate angezeigt, daß der Stud.

Hügel einen andern Studenten so gestochen, daß die Gedärm bis
auf den Boden gehangen; Beschluß: den Hügel ins Carcer zu legen.
— Da der Verwundete nicht starb, so kam Hügel mit der Carcerstrafe durch. (S. P.)

(71) Antwortschreiben der Verwandten des Stud. Jagenreitter aus Linz, vom 4. Febr. 1587, denselben dem Verlangen des Senats gemäß abfordern, vorher aber seine Schulden bezahlen zu wollen.

(72) Antwortschreiben der Vormünder des Stud. C. von Oedt, vom 5. Febr. 1587, in welchem sie bitten, denselben auf der Universität behalten zu wollen.

(73) Schreiben des Magistrats von Rottenburg a. d. T. vom 29. Sept. 1587, mit der Bitte einen ihrer Bürgersöhne, Curtzing, zu besserem Fleiße und zur Sparsamkeit anzuhalten, und ihm einen Privat-Präceptor zu setzen.

(74) Senatsbeschluß vom 9. Nov. 1587, alle, welche bei einem Lärmen vor D. Schleyers Haus gewesen, 3 Tage zu incarceriren; dem Kostgeber Schleyer aber auch einen guten Vilz zu lesen, cum comminatione ernstlicherer Straf. (S. P.)

(75) Der Herzog begehrt Auskunft über die jungen von Wölwarth und Senfft. — Beschluß vom 19. Dec. 1587: der erstere habe einem andern nobili ein Kleinodt entwendt, und sei in Frankreich gezogen; der andere sei seit Ostern nit hier gewesen. (S. P.)

(76) Durch Senatsbeschluß vom 18. April 1587 sind zwei Studenten, welche das Tractätlein vom Faust (eine Comödie) gemacht, ins Carcer geworfen worden. (S. P.)

(77) Senatsbeschluß vom 31. Juni 1587, den Studenten zu verbieten, musikalische Instrumente auf der Straße zu spielen, ferner ihnen zu untersagen, den Mantel so überzuschlagen, daß ein Arm heraussehe, endlich das Tragen von Federn zu verpönen. (S. P.)

(78) Untersuchungs-Protocoll vom 5. Aug. 1588, über eine gefährliche Schlägerei zwischen Studirenden und Bürgern, welche dadurch entstand, daß ettliche „edelleut" die Schaarwache beleidigten, diese aber Mordio rief.

(79) Vermöge Senatsbeschluß vom 9. August sollen 3 Studenten, welche Fische geschossen, die Büchsen genommen werden. (S. P.)

(80) Bericht an den Herzog vom 1. Sept. d. J., daß sich Stud. Heller nicht bessere, sondern dieser Tage wieder in Schlaghändel gerathen und schwer im Arme verwundet worden sei. (S. P.)

(81) Senatsbeschluß vom 11. Jänner 1589, 11 Studenten, unter denen Truchseß, Schertlin u. s. w. 12 Tage ins Carcer zu legen, weil sie ein jämmerlich Geschrey auf der Straße gemacht, und sich wider den Pedell gesetzt mit hauen und stechen, so daß er weichen

müssen. Der Anstifter, Junker Stockheimer, wird überdieß wegge-
schickt. (Am 26. Oct. d. J. wird aber im Senate geklagt, Stockheimer sei wieder da, habe einen Handel um den andern, hab z. B.
Dr. Schnepffens Sohn auf dem Markte in den Hals gehauen, einen
Edelmann provocirt, lästre Gott, sei ein schandloser Mensch. Beschluß: ihn aufzuheben und der Stadtobrigkeit zum Ausschaffen zu
übergeben.) (S. P.)

(82) Am 20. Febr. wird dem Senate angezeigt, daß eine Gesellschaft bestehe, welche ein Kränzlein halte, das alle Tage 4 fl.
koste. Kein Beschluß. (S. P.)

(83) Am 6. März d. J. wird angezeigt, die Nürnberger hätten
geschrieben, sie wollten gern ihre Kinder hierher schicken, allein
propter nimiam dissolutionem, welche in Tübingen sei, werden sie
abgehalten. (S. P.)

(84) Bei der Universitäts-Visitation vom 11. April 1589 beklagt
sich die Stadt, daß die Studenten unter der Predigt zechen, und daß
sie bei Nacht ein jämmerlich Geschrei auf den Gassen haben. —
Unter den Puncten des Recesses gehören folgende hierher: 1) die
Studenten sollen keine Wehr unter dem Arm, noch den Mantel unter-
geschlagen tragen; 2) das nächtliche Deambuliren soll abgestellt
werden; 3) die Königreich (?) sollen abgeschafft werden; eben so 4) die
verdächtigen Häuser, so zu Zechen und Hurerei Schlupfwinkel. (S. P.)

(85) Bericht an Herzog Ludwig vom 3. Mai 1589, in welchem
sich Rector, Kanzler und Senat über Junker Wilhelm Truchseß zu
Cresbach beschweren, daß er durch sein gottlos, unchristlich u. s. w.
Wesen nicht nur seiner Nachbarschaft unleidenlich und der ganzen
Universität unerträglich sei, besonders weil er bei den Jungen von
Adel sich schändlich eindränge, und auch diese verderbe.

(86) Herzogl. Rescript vom 5. Juni, näher zu berichten, was
denn dieser junge Truchseß für ein epicurisch, viehisch, ruchlos und
ärgerlich Leben führe.

(87) Antwort des Senats, s. d., in welcher er bittet, ihn mit
der näheren Angabe zu verschonen, weil dieß, bewegender Ursachen
halber, ganz bedenklich: dagegen den Landhofmeister und Obervogt
zum Bericht aufzufordern.

(88) Nach Senatsbeschluß vom 6. Juli 1589 wird ein Student
verhaftet, der einen Stipendiaten hart verwundete. (S. P.)

(89) Am 3. Aug. d. J. wird dem Senate angezeigt, die Stu-

denten baden in der Steinlach, laufen den Leuten in die Gärten
und nehmen Obst. Beschluß: einen öffentlichen Anschlag deßhalb
zu machen. (S. P.)

190) Am 14. Sept. d. J. wird dem Senate angezeigt, daß eine
Wittwe von einer großen Freundschaft (des Roßen Weiblin) mit
Studenten Unzucht treibe. Nach Anhören einiger Zeugen wird beschlossen, sie in ein Stüblein an eine Kettin zu legen (S. P.); später
erhält sie den Befehl die Stadt zu verlassen.

191) Am 4. Dec. d. J. wird dem Senate von dem Stadtschreiber
in Lauffen, Pfeilsticker, angezeigt, der Wirth zur Krone habe seinen
Sohn, welcher demselben Geld schuldig gewesen, einen Knecht bis
Cannstadt nachgeschickt; dieser habe dort seinen Sohn mit einem
Bengel übel geschlagen, und ihm mehr abgenommen, denn er schuldig
gewesen. Beschluß: den Obervogt zu bitten, daß der Knecht verhaftet und weiter inquirirt werde. (S. P.)

192) Untersuchungs-Protocoll s. d. gegen zwei Studenten, welche
„als der Cardinal allhier gewesen" Nachts mit Steinen nach dessen
Fenstern warfen. Sie werden um 1 fl. gestraft.

193) Untersuchungs-Protocoll s. d. wegen Schlaghändel zwischen
Studenten und Bürgern.

194) Untersuchungs-Protocoll s. d. gegen Stud. Kotulensky,
Rab u. s. w., welche, als sie der Schaafwirth Nachts um 1 Uhr
nicht mehr in sein Haus lassen wollte, die Thüre zu sprengen ver-
suchten und die Fenster einwarfen.

195) Untersuchungs-Protocoll s. d. gegen M. Faber, welcher
6 Sachsen einen Schmauß gegeben, bei dem 30 Maas Wein auf-
giengen und viel gelärmt wurde.

196) Oeffentlicher latein. Anschlag am schwarzen Brete vom
1. Febr. 1590, durch welchen bei Carcerstrafe das Herumlaufen in
den Straßen nach der Abendglocke, so wie das Zechen bei ißiger
theurer Zeit untersagt wird.

197) Durch Senatsbeschluß werden 6 Studenten ins Carcer
gelegt (14, 6 und 3 Tage) welche Nachts um 11 Uhr Lärmen gemacht. (S. P.)

198) Zwei Studenten klagen, daß sie von einem Bäcker in
Lustnau geschlagen worden seien, weil sie sich geweigert hätten mit
ihm zu spielen. Beschluß: den Bäcker belangen zu lassen. (S. P.)

199) Ein Student, welcher zwei Bürger (einen in Reutlingen

und den andern in Tübingen) verwundete, wird zur Bezahlung der Curkosten, zu Schmerzengeld und zu Relegation verurtheilt, durch Senatsbeschluß vom 26. Nov. 1590. Er wird vom Pedell und dem Stadtknechte zum Thor hinaus geführt, und ihm dort vom Pedell ein Viaticum von 8 fl. zugestellt. (S. P.)

200) Drei Studenten, welche gegen den oeconomus contubernii ein Pasquill angeschlagen, müssen, nachdem sie 14 Tage im Carcer gewesen, vor dem Senate ihm erklären, „daß es aus unbedacht-samen Gemüth und Unverstand geschehen". Hierauf spricht der Senat aus, daß dieß alles keinem Theile an seiner Ehre verletzlich oder aufheblich sei, auch kein Theil den andern ausser oder inner-halb Rechtes weiter anlangen soll. (S. P.)

201) Auf die Klage des Vogtes von Lustnau wird am 18. März 1591 beschlossen, öffentlich anzuschlagen: daß die Studenten in die Dörfer ziehen, fressen und saufen, und dann die Unterthanen hoch-muthen; daß sie aber bei strenger Strafe dieß zu unterlassen haben.(S. P.)

202) Nach Senatsbeschluß vom 27. März 1591 werden drei Studenten incarcerirt wegen einer Schlägerei, die sie in der Neckar-halde mit einem Schreiber gehabt. (S. P.)

203) An demselben Tage beklagt sich der Hofrichter, die Stu-denten haben sich vor seinem Hause ganz unruhig erzeigt und ihn herausgefordert. (S. P.)

204) Am 24. April 1591 beklagt sich ein Bürger, daß seine Frau von einem Studenten auf freiem Markte überrannt worden sei. (S. P.)

205) Am 7. Mai d. J. wird eine Untersuchung geführt über Schlaghändel in der Ammergasse zwischen vier Studenten und einigen Handwerksgesellen. Diese Studenten sollen 30 Maas Wein in dem contubernio getrunken haben, 12 geben sie zu. (S. P.)

206) An demselben Tage wird über das Contubernium geklagt, daß gar keine Ordnung darin sei; Vorübergehende werden mit Steinen geworfen; eine Wand sei eingeschlagen worden; werde darin sehr stark gezecht. Beschluß: dem Verwalter anzuzeigen, daß er entlassen werde, wenn er einem Studenten mehr als ein Quart über Tisch, oder überhaupt Wein aus dem Hause gebe. (S. P.)

207) Am 15. Mai klagt Prof. Crusius seinen Sohn beim Senate an, daß er gar ungehorsam sey, und Bücher versetzt habe. Be-schluß: denselben zu citiren, ihm einen guten Filz zu geben, und ihn

darauf ins Loch zu legen. (S. P.) (Aehnliche Strafen werden auch später wiederholt gegen denselben erkannt.)

208) Rescript von Herzog Ludwig vom 14. Mai 1591, mit dem Befehle zu berichten, ob es wahr sey, daß gewisse Bürger in Tübingen die Studenten einziehen, das Beste auf dem Markte aufkaufen, dann in ihren Häusern bei nächtlicher Weile verzehren, und „die Zeyt bis Mitternacht mit Essen, trinkhen, tanzen, springen und anderer gugelfhuor zubringen lassen?"

209) Am 16. Juli d. J. wird Prof. Hamberger's Sohn angeklagt gegen einen Wächter, der ihn Nachts nach Hause gehen hieß, den Degen gezogen und ihm den Spieß abgehauen zu haben. Beschluß: ihn auf 14 Tage ins Carcer zu legen, und dann seinem Vater zur Besserung zu übergeben. (S. P.)

210) Durch Beschluß vom 6. Sept. werden 3 Studenten, welche sich mit verschiedenen Weibspersonen „übersehen", in Carcer gesprochen. (S. P.)

211) Durch Beschluß vom 11. Sept. werden 2 Studenten, so eine schwangere Frau geschlagen und getreten, ins Carcer gelegt, unbeschadet der Civilklage. (S. P.)

212) Antwortschreiben des Pfarrer Werner in Böringen vom 19. Nov. 1591, wegen des Leichtsinnes und der Schulden seines Sohnes.

213) Schreiben an eine Reihe von Vätern, daß ihre Söhne in ihrem studiren varlässig, auch hierneben in böse Gesellschaft und große Schulden gerathen seien; Rector und Senat verlangen also, daß die Väter Jemanden nach Tübingen senden, welcher den Sohn abforderte und sich mit den Gläubigern benehme.

214) Auf Antrag des Rectors wird am 9. Dec. 1591 dem Pedellen und den Buchbindern und Buchdruckern ein Verweis gegeben, daß sie die Wache schlecht versehen, und nur auf der Rathhausbank sitzen bleiben; sie sollen die Studenten, welche nach der gewöhnlichen Zeit auf der Gasse gehen, abmahnen und anzeigen, und die Häuser beobachten, in denen Conventikel und Zechen gehalten werden. (S. P.)

215) An demselben Tage wird Stud. Gebelin, „einer Wäscherin Sohn, der ein Federbusch aufhabe, und ein trutziger und frecher Gesell sei," ins Gefängniß gelegt (ohne daß ein näheres Vergehen angegeben ist). (S. P.)

216) Am 15. Jänner 1592 zeigt der Rector an, es sey Tags
zuvor ein beschwerlicher Tumult gewesen, bei welchem ein Student
von einem Schmide mit einer eisernen Stange niedergeschlagen
worden sey. Dr. Hambergers Sohn habe angefangen. Es sey eine
communis vox in der ganzen Stadt der junge Hamberger sey ein
magicus, schlage straks einen an den Hals. — Beschluß: ihn ins
Carcer zu legen. — Am 25. Jänner wird er vor den Senat gefordert,
erhält einen Verweis, und über die ganze Faschingszeit Hausarrest,
mit Ausnahme der Ausgänge in die Kirche und Lectionen. (S. P.)

217) Am 27. Jänner d. J. bittet der Hofrichter, dieweil eine
adelige Hochzeit seyn werde, den Studenten zu intimiren, daß sie
zu Haus bleiben und nicht eindringen wollen. Beschluß: den Pedell
dem Portner zuzuordnen, damit er die Studenten abtreibe. (S. P.)

218) Vier Studenten (unter denen wieder Hamberger) werden
angeklagt, in des Henkers Haus gegangen zu seyn, und mit ihm
22 Maas Wein getrunken zu haben; hierauf
sein Schwert zu sehen, und einen
Strick von ihm zu erhalten gewünscht
zu haben. Beschluß am 15. Febr.:
sie auf einige Wochen „weil
sie gräulich delinquirt" ins
Carcer zu legen; namentlich
aber den Hamberger zu be-
drohen, daß er der schwarzen
Kunst entsage, widrigenfalls
man mit weiterer Strafe
gegen ihn vorgehen werde.
(S. P.)

219) Senatsbeschluß vom
10. März, Hamberger ganz wegzuschaffen,
weil er nicht zu Hause bleibe, die Leute auf der Straße angreife,
und sich mit ihnen haue. (S. P.)

220) Am 7. Mai wird Calixtus, ein Medicus, welcher einen
jungen von Senfft auf der Gasse dreimal zu Boden schlug und ihn
mit einem Steine verwundete, 8 Tage ins Carcer gelegt und um
4 fl. gestraft. (S. P.)

221) Am 19. Mai 1592 wird ein Stipendiat wegen Unzucht
ins Carcer gesprochen. (S. P.)

222) Am 25. Juni d. J. wird dem Senate angezeigt, Nachts zuvor sey ein großer Tumult auf der Gasse gewesen: ihrer 9 haben Blöcke in den Brunnen auf dem Markte geworfen. (S. P.)

223) Untersuchungs-Protocoll vom 19. August 1592, wegen einer Mißhandlung der Wächter am Lustnauer Thor.

224) Senatsbeschluß vom 30. Aug. d. J., den Untervogt auf-zufordern, auf die bösen Häuser und Schlupfwinkel (ihrer 3 werden bezeichnet) Achtung zu geben. (S. P.)

225) Antwortschreiben von A. Leyßer in Weyerburg, vom 19. Juli 1593, in welchem er die Schuldenzettel seines Sohnes zur Justi-fication nach den Statuten zurückschickt, weil er nur die gesetzlichen zu bezahlen im Sinne habe.

226) Senatsbeschluß vom September 1593, den Studenten durch eine offene Intimation zu verbieten nach Rottenburg zu laufen: ferner fleißige Inspection in den Zehrhäusern zu halten wegen der allzu großen Zechen. (Der Protocollführer setzt bei: hoc bene dicunt, sed non facile afficiunt.) (S. P.)

227) Senatsbeschluß vom 16. Sept. 1593, sich beim Herzog zu beschweren, daß ein Student von dem Bürgermeister Kienlin in Tübingen geschlagen worden sei, und um Remission an das Hof-gericht zu bitten. — (Der Herzog bewilligte die Bitte.) (S. P.)

228) Untersuchungs-Protocoll vom 7. Jänner 1594 gegen Stud. Croßer, welcher ein „unbillig grausam Geschrei" auf der Straße geführt, mit der bloßen Wehr in die Steine gehauen; den Helfer Loder beleidigt, und zwei anderen Studenten die Laute zerhauen hatte. Er wird incarcerirt.

229) Der Rector zeigt am 18. Jänner 1594 an, die Herrn Graven und Freiherrn seyen bei Nacht auf den Schlitten gefahren, was res nova nec sine periculo. Beschluß: es den praeceptoribus zu verweisen, und sie, daß es nicht mehr geschehe, zu warnen. (S. P.)

230) Senatsbeschluß vom Sept. 1594, zwei baccalaureos, welche sich über dem Schmause gar unfläthig mit juchzgen erzeigt, 8 Tage ins Carcer zu legen. (S. P.)

231) Es wird dem Senate am 16. März 1595 angezeigt, daß Nachts ein großer Tumult auf der Straße sey; die Bürger wollen aber nicht anzeigen, wer die Lärmenden seyen. Beschluß: genaue Inquisition zu veranstalten. (S. P.)

232) An demselben Tage wird geklagt, daß ein Student auf

dem Schloſſe den Burgvogt geſchmäht und ſeinen Sohn geſchlagen habe. (S. P.)

233) Senatsbeſchluß vom 6. April 1593, einen Studenten ins Carcer zu legen, der in Calw (wohin ein Theil der Univerſität ſich im verfloſſenen Jahre der Peſt halber geflüchtet) einem Wirthe „mörderiſcherweiſe" die Fenſter einwarf, und dann entwich. (S. P.)

234) Der (in Tübingen studirende) Erbprinz und sein Hofmeister beklagen sich über das groß Geschrei und die schandlichen Reden, welche Nachts auf der Gasse, namentlich beim Collegium geübt werden. Senatsbeschluß vom 5. Nov. 1595: die Wache zu stärken, daß man einen ertappen möge. — An demselben Tage wird ebenfalls beschlossen, den Studenten das Wildern zu untersagen. (S. P.)

235) Senatsbeschluß vom 20. Nov., einen Studenten, der sich einige Nacht auf der Gasse unruhig erzeigt, 8 Tage ins Carcer zu thun, und beim Herauslassen im Senate wohl zu „zerzausen" (S. P.); zwei andere werden auf einige Tage eingesperrt, weil sie bei einem auf dem Universitätshause gehaltenen Hochzeittanze Schlaghändel angefangen.

236) Beschluß von demselben Tage, die Stadtbehörde aufzufordern, daß sie das allzu viele Zechen der Studenten in den Wirthshäusern abstelle; „es sey eine große Unordnung darin; schlahen die Fenster aus, saufen, fressen, machen die ganze Nacht ein groß Geschrei". (S. P.)

237) Beschluß vom 5. Dec. 1595, einen Studenten aus Colmar, der große unnütze Schulden mache, mit einem eigenen Boten heim zu schicken und seinen Pflegern zu schreiben, daß sie die illegalen Schulden nicht zu bezahlen brauchen. (S. P.)

238) Beschluß vom 18. Dec., den Studenten Notnagel und noch einen Andern, welche Sonntags, als man aus der Predigt gehen wollen, gotteslästerlich geflucht und sich ungebührlich verhalten haben, 8 Tage ins Carcer zu legen und sie dann vor den Senat zu fordern zu einem Verweise und zur Androhung der Exclusion. (S. P.)

239) Beschluß vom 18. Jänner 1596, einen Magister 8 Tage ins Carcer zu legen, weil er einen Famulus heftig geschlagen, und mehrmal dazu bei den Sacramenten geflucht habe. (S. P.)

240) Untersuchungs-Protocoll vom 2. März 1596 u. folg. Tage, gegen Studenten, welche während der Fastnacht maskirt in den Straßen gegangen.

241) Am 9. Juli wird Stud. Notnagel (s. oben Nr. 238) vor den Senat gefordert, und ihm erklärt, daß er incorrigibilis. Er habe auf dem Tanzhause Händel angefangen, daß man ihn die Treppe hinabgeworfen; ferner habe er hinterrücks nach einem Studenten mit der blosen Wehr gehauen, so daß er ihm, wäre nicht ein anderer in den Streich gefallen, den Kopf abgeschlagen hätte;

endlich hab er so grausam Gott gelästert, daß man wohl befugt
wäre ihn peinlich anzuklagen, habe namentlich einen ungewöhnlich
bösen Fluch gethan: Stern-Sacrament; in favorem patris sui wolle
man ihn aber nur nach Hause schicken. Nothnagel las eine lateinische
Entschuldigungsrede ab und bat unter Thränen um Verzeihung. (S. P.)

242) Am 11. Dec. 1596 wird dem Senate angezeigt, ein Student Namens Leipziger habe sich dem Teufel verschrieben, wenn er
ihm et-
be-
ter-
lich
was Geld wolle zustellen. Es wurde
schlossen, ihn durch die Theologen in Un-
suchung nehmen zu lassen, und namentlich zu befragen, ob er schon lange mit dem
Teufel zu thun gehabt, und wie oft
er von ihm Geld empfangen, was
Geding er mit dem Teufel getroffen,
welche Bücher er gelesen? u. s. w.
Er antwortete: es sey das erste-
mal, habe noch kein Geld vom
Teufel erhalten; seine Schulden
haben ihn dazu gebracht, sey
mehr als 200 fl. schuldig, namentlich tribulire ihn der Messerschmid wegen 3½ fl.; er habe es
nur auf 2 Jahre mit dem Teufel
treiben wollen, und wäre er ge-
storben in dieser Zeit, hätte er
vorher ihm abgesagt und ihm
erklärt, er habe einen andern Helfer,
Jesum. Beschluß: ihn bis zum Christ-
tage im Carcer zu lassen, und ihm
anzuzeigen, daß er sich zum heil. Abend-
mahle vorzubereiten und dieses zu ge-
nie- ßen habe, auch das ganze halbe Jahr
zu Hause blei- ben müsse, außer um in alle Kirchen und in
die Lectionen zu gehen. — Am 8. Jänner 1597 wird angezeigt,
Leipziger halte sich nicht zu Hause, habe auch in Wirthshäusern
3 silberne Becher und 3 Löffel gestohlen und dieselben verkauft.
Beschluß: peinlich gegen ihn zu verfahren, vorher aber seinem Vater
(in Sachsen) Nachricht zu geben, daß er einen Anwalt schicke. (S. P.)

243) Am 26. Jänner 1597 wird ein Student auf die Klage eines Mädchens, das er geschwängert hatte, verhaftet und vor den Senat gebracht. Er gesteht zu, daß er dem Mädchen die Ehe versprochen und erbietet sich einen Boten an seinen Vater zu schicken, daß dieser ihm das Heirathen erlaube. Dieß wird ihm bewilligt, er übrigens bis zu Austrag der Sache ins Carcer gelegt. Am 6. Febr. wird angezeigt, er habe itzt geheirathet; worauf ihm 30 fl. Geld und 14 Tage Carcer, seiner Frau 20 fl. und 4 wöchiger Hausarrest als Strafe angesetzt werden. (S. P.)

244) Senatsbeschluß vom 24. Jänner d. J., das Maskiren während der Fasten zu verbieten, und vier Wächter zu bestellen, welche Tag und Nacht herumgehen und die Verlarvten beobachten sollen. (S. P.)

245) Untersuchungs-Protocoll vom 12. Febr. 1597 gegen einen Studenten, welcher einen Bürger, von dem er sich beleidigt glaubte, die Thüre mit dem Degen zerhauen hatte. Er kommt 12 Tage ins Carcer. — Ein zweiter, dessen Verschulden sich aus dem Protocolle nicht ergiebt, soll 2 Monat Sold bezahlen (?) oder 6 Tage ins Carcer, ein dritter ad libidum incarcerirt werden.

246) Dem Senate wird am 19. Febr. 1597 angezeigt, M. Rambacher habe einen Famulus M. Herlinger in Holzgerlingen schwer verwundet und sich nach Reutlingen in die Freiheit geflüchtet. (S. P.)

247) Durch Senatsbeschlüsse vom 10. u. 11. März d. J. werden 4 Studenten wegen Nachtlärmens incarcerirt. (S. P.)

248) Am 15. Juni d. J. klagen die Stadtwächter, etliche Studenten haben ihnen drei Spieße von der Wache weggenommen, und seyen damit in der Stadt herumgezogen; ferner seyen welche mit welschen Geigen herumgegangen, und als der Pedell sie abgemahnt habe, haben sie ihn schlagen lassen. Beschluß: die nobiles vorzufordern. (S. P.)

249) Am 29. Juni stellen die Wächter ähnliche Klagen: ein Student habe ein Fischhaus aus dem Bronnen genommen; andere haben sie gescholten und nach ihnen geschlagen: die Universitätswächter seyen gar nichts nutz, kommen selten auf die Wache und ziehen dann mit den Studenten in der Stadt herum. Beschluß: dem Hofmeister des colleg. illustre anzuzeigen, daß er seine Collegiaten Nachts zu Hause behalten möge; einen derselben, Remchingen, ins Carcer zu legen; den Wächtern aber durch den Vogt sagen zu

laſſen, ſie ſollen ſich größerer Beſcheidenheit befleißigen. (S. P.)

250) Dem Senat wird am 1. Sept. d. J. angezeigt, des Prof. Cellius Sohn habe einen Schneider hart geſchlagen. Beſchluß: ihn zu arretiren und den Schneider curiren zu laſſen. (S. P.)

251) Unterſuchungs-Protocoll wegen Nachtlärmens. Die Schuldigen werden 1 Tag incarcerirt.

252) Am 9. Octob. d. J. klagt eine Magd gegen einen Studenten, der ſie geſchwängert habe. Er ſey von Frankfurt, und habe eine Magd mitgebracht, die ihm Haus halte. (S. P.)

253) Unterſuchungs-Protocoll gegen Student Hamberger und Conforten vom 20. Nov. 1597, welche bis nach Mitternacht in der ganzen Stadt umherzogen, das „Lied von den ſieben Nonnen“ und andere ſchandloſe Lieder vor der Profeſſoren Häuſer ſangen, in die Steine hieben, und als der Pedell und die Wächter ſie abmahnten, ihn fragten: „ob ihnen die Haut beiße, wöllen die Klingen mit ihnen theilen“. — Der junge Hamberger wird in ſeines Vaters Haus gebannt bis auf Widerruf von Seite des Senats (welcher erſt am 22. Mai des folgenden Jahres bewilligt wird).

254) Unterſuchungs-Protocoll vom 8. Febr. 1598, wegen Nachttumultes. Drei Studenten werden auf 1 Tag incarcerirt.

255) Unterſuchungs-Protocoll von demſelben Tage über ein (nicht näher bezeichnetes) im Contubernium angeſchlagenes Pasquill.

256) Senatsbeſchluß vom 12. Febr. 1598, M. Braſtbergern, ſo auf der Straße unruhig geweſen, zu incarceriren und wegen ſeines Unfleißes zu objurgiren. (S. P.)

257) Am 6. März werden die Väter zweier Studenten, welche bis Mitternacht getanzt und auf der Gaſſe mummen gegangen, vor den Senat gefordert, und wird von ihnen verlangt, daß ſie ihre Söhne von der Univerſität thun oderdieſelben zu fleißigem Studiren anhalten ſollen. Sie verſprechen das Letztere.(S.P.)

258) Einige wegen (nicht näher bezeichneter) Schlaghändel incarcerirte Studenten werden aus dem Carcer gelassen am 25. April 1598, weil sie sich des Gestankes, so in demselben, höflich beschweren. Wegen M. Brastberger, welcher auch darunter war, soll an seinen Vater geschrieben werden, daß er ihn von der Universität hole, weil er neuerdings so oft in Schlaghändel verwickelt sey. (S. P.)

259) Am 13. Mai 1598 wird eine Untersuchung von dem Senate darüber angestellt, daß die Incarcerirten bei Nacht aus dem Carcer gebrochen, in der Stadt mit großem Lärmen herumgezogen seyen und Dr. Darnbülern die Fenster eingeworfen haben. Es ergiebt sich bei der Untersuchung, daß ein nicht incarcerirter Student, Namens Traw, einen Messerschmid hatte holen lassen, welcher dann mit Nachschlüsseln den Carcer öffnete, daß aber Traw während dieser Zeit in des Messerschmids Haus schlich, um dessen Frau zu nothzüchtigen. Traw wird sogleich ins Carcer abgeführt. (S. P.)

260) Senatsbeschluß vom 2. Juni d. J. zwei Studenten, welche sich bei einem Tanze eindrängten und deßhalb von Weingärtnern hart geschlagen wurden, aber auch einen derselben verwundeten, zu incarceriren, und denjenigen, welcher gestochen hatte (Hopf), zu relegiren. Später wurde der letztere Beschluß unter der Bedingung wieder zurückgenommen, daß Hopf Nachts nicht ausgehen, den Briel ganz meiden und sich besser halten wolle. (S. P.)

261) Untersuchungs-Protocoll vom 3. Nov. 1598 gegen den Grafen Schlick und den v. Frankenberg, wegen einer mit dem Pedelle und den Schaarwächtern gehabten nächtlichen Unfuhr. Beschluß: den Grafen Schlick durch den Dr. Halbritter ernstlich warnen zu lassen; v. Frankenberg aber zu bestrafen.

262) Schreiben des Senats an denselben Grafen Schlick, vom 13. Nov. d. J., worin man sich beschwert, daß derselbe trotz der erst kürzlich erhaltenen Abwarnung schon wieder mit der Wache auf dem Markte Händel angefangen und sie mit bloser Wehr hin und her getrieben habe, bis er endlich mit Gewalt ergriffen und in seine Herberg geschleift worden sey, wo er noch lang zum Laden herab mit bloser Wehr gefochten und übel geschworen habe. Der Senat droht ihm, im Wiederholungsfalle ihn der bürgerlichen Obrigkeit der Stadt zuzuweisen, „ist aber sonnsten ihme Herrn Grafen uff sein gebürlich gräfenlich Verhalten zu aller guten Beförderung wol gewogen".

54

263) Senatsbeschluß vom 21. Jänner 1599, zwei Studenten, Cellius und Rotulensky, welche sich geschlagen, zu incarceriren. (S. P.)

264) Senatsbeschluß von demselben Tage, die Wache zu stärken, weil die Fastnacht komme, und die Studenten etwas unruhiger, denn sonst. (S. P.)

265) Senatsbeschluß vom 8. Febr., den Cellius zu incarceriren, weil er Nachts Lärmen gemacht, die Wächter geschmäht und den Pedellen geprügelt hatte. (S. P.)

266) Senatsbeschluß vom 18. Febr. d. J., einen Studenten, v. Weltsch, welcher Nachts um 1 Uhr zum Fenster hinausschoß, um 4 fl. und um die Büchse zu strafen. (S. P.)

267) Senatsbeschluß vom 27. März d. J., denselben Weltsch zu incarceriren, weil er gegen seinen Präceptor den Dolch und das Rappier zückte, auch demselben auf der Straße Schimpfworte nachrief, als dieser nach Hause, auf Befragen der Verwandten, berichtete, daß Weltsch etwas ungehorsam sey. (S. P.)

268) Senatsbeschluß vom 10. Mai d. J., den Stud. Traw (s. oben Nr. 259) ins Carcer zu legen, weil er einer Magd einen Brief geschrieben um sie zu verführen. Nach 8 Tagen Carcer wird er zur Relegation verurtheilt. (S. P.)

269) Am 16. Mai 1599 wird dem Senate angezeigt, M. Grätter, ein Repetent des Stipendiums, sey in Rottenburg, als er habe in die Kirche gehen wollen, blutig geschlagen und überdieß noch gefangen gesetzt worden. Beschluß: die beiden Professoren Hochmann und Mögling nach Rottenburg zu schicken zur Erkundigung und Erledigung der Sache. Dieselben berichteten am 16., daß M. Grätter in der Kirche herumgesprungen sey, und als ihn ein Kirchenpfleger zu Recht gewiesen, denselben geschmäht habe. Hierauf sey er allerdings aus der Kirche geworfen worden. Uebrigens haben auch noch andere Studenten sich sehr unruhig erzeigt, unter anderm dem Mößner die Thüre eingetreten; einer habe die Büchse gezückt und

ſchießen wollen. Die Bürgerſchaft ſey ſehr erzürnt, und man fürchte einen Aufruhr. Beſchluß: einen deutſchen Anſchlag am ſchwarzen Brette zu machen, ſich der papſtiſchen Kirchen zu enthalten. (S. P.)

270) Am 8. Sept. 1599 zeigt Prof. Cruſius dem Senate an, er habe eine Tochter, die er oft ermahnt habe nicht ohne ſein Wiſſen zu heirathen. Nun habe ſich aber begeben, daß M. Hecker ins Haus zu ihm gekommen ſey, dem habe ſie die Ehe verſprochen. Er bitte, daß man ihm verholfen ſeyn wolle, daß er von dieſem Hecker möchte unturbirt bleiben. M. Hecker wird vorgefordert, und ihm die Sache vorgehalten; er erklärt, die Dirne habe ihn erſt bewegt und angeſprochen ihr die Ehe zu verſprechen, und ihm eines darauf und daraus getrunken; woll ſie aber sub conditione verlaſſen, daß ihm kein Nachtheil daraus entſtehe. Gebs ihr auf ihr Gewiſſen. Darauf wird Theodora Cruſius vorgefordert, welche ſagt, ſie wolle keinen Anſpruch an ihn machen, könne ihn gar wohl laſſen; wolle es aber nicht auf ihr Gewiſſen nehmen, ſondern ihrem Vater folgen. Beide werden nun confrontirt, Hecker bleibt dabei, er woll ihr es auf ihr Gewiſſen geben. Beſchluß: Cruſio anzuzeigen, man wollte ihm gerne helfen, die Sache gehöre aber nach Stuttgart (vor das Ehegericht). Zwei Tage ſpäter zeigt der Rector an, Cruſius wolle nicht gerne vors Ehegericht, Hecker wolle ihr aber ledig gehen und eine Verſchreibung über ſie geben. Beſchluß: wenn ſie beide einander nicht wollen, es dabei zu laſſen. Am 12. Sept. werden aber beide wieder vorgefordert, weil ſie noch eine Zuſammenkunft unter der Hausthüre gehabt hatten, in welcher ſie erklärte, wenn der Vater es erlaube, wollen ſie beiſammen bleiben. Cruſius beharrt bei ſeiner Weigerung, er wolle ſeine Tochter Einem geben, der ſie nähren könne. (S. P.)

271) Senatsbeschluß vom 2. Jänner 1600, Ch. Utsin aus Pommern zu relegiren, weil er seinem Hausherrn die Thüre eingetreten und denselben im Bette geprügelt.

272) Beschluß von demselben Tage, einen Student 2 Tage zu incarceriren, der dem Pedelle am hellen Tage die Fenster einwarf; eben so einen andern, weil er Nachts in die Steine gehauen hatte. (S. P.)

273) Untersuchungs-Protocoll vom 14. Febr. 1600 gegen v. Wartenberg und Conf. wegen maskirtgehens in der Fasnacht, auch Geschreies und Schwörens auf der Gasse. Beschluß: alle in das Loch zu legen.

274) Lateinischer öffentlicher Anschlag vom 2. April 1600, durch welchen das neuerlich aufgekommene Herumschwärmen zu Pferde in der Stadt verboten wird.

275) Senatsbeschluß vom 8. Mai 1600, einen Stud., Lustmauer, zu excludiren, weil er den Stadtarrest brach; soll der Mutter angezeigt werden, er tauge nicht zu den studiis. (S. P.)

276) Untersuchungs-Protocoll vom 1. Nov. 1600 gegen Dr. Hamberger, der beschuldigt war, einen Befehl des Senates zum Fenster hinausgeworfen zu haben.

277) Senatsbeschluß vom 29. Dec. 1600, den Cellius (s. oben Nr. 250) öffentlich zu relegiren, weil er ein Mädchen verleitete, einem Studenten, auf den er eifersüchtig war, ein Messer in den Hals zu stechen, und sich dann flüchtete. (S. P.)

www.ingramcontent.com/pod-product-compliance
Lightning Source LLC
Chambersburg PA
CBHW022031080426
42733CB00007B/799